细说中国史

五雄争霸之春秋

罗建华◎编著

团结出版社
UNITY PRESS

图书在版编目（CIP）数据

五雄争霸之春秋 / 罗建华编著. -- 北京 : 团结出
版社, 2024.1
（细说中国史）
ISBN 978-7-5234-0309-9

Ⅰ.①五… Ⅱ.①罗… Ⅲ.①中国历史—春秋时代—
通俗读物 Ⅳ.①K225.09

中国国家版本馆CIP数据核字(2023)第139463号

出　　版：团结出版社
　　　　　（北京市东城区东皇城根南街84号　邮编：100006）
电　　话：（010）65228880　65244790（出版社）
　　　　　（010）65238766　85113874　65133603（发行部）
　　　　　（010）65133603（邮购）
网　　址：http://www.tjpress.com
E-mail：zb65244790@163.com（出版社）
　　　　　fx65133603@163.com（发行部邮购）
经　　销：全国新华书店
印　　刷：三河市金兆印刷装订有限公司

开　　本：710毫米×1000毫米　16开
印　　张：12
字　　数：200千字
版　　次：2024年1月　第1版
印　　次：2024年1月　第1次印刷

书　　号：978-7-5234-0309-9
定　　价：39.80元

序 言

　　中国是一个拥有悠久历史和灿烂文明的国度，中国作为世界上最古老的文明古国之一，拥有着灿烂辉煌的文化和悠久的历史传承。从五雄争霸之春秋到军阀混战之民国，中国历史如同一幅波澜壮阔的画卷，展现了数千年的辉煌与沧桑。

　　历史的巨轮滚滚向前，在人类历史的长河中，中国历史起着十分重要的作用，并具有其独特的历史地位。这不仅体现在其悠久的历史传承上，更在于它对人类文明的发展产生的深远影响。中国历史可以追溯到数千年前。在这漫长的历史长河中，中国经历了历朝历代的更迭，从夏朝的建立到清朝的灭亡，每个朝代都有其独特的政治、经济、文化等特色。这些朝代的兴衰变迁，不仅是中国历史的重要组成部分，更是人类文明发展的重要见证。

　　这部《细说中国史》系列丛书旨在为读者呈现一幅全面而细致的中国历史图景。以通俗易懂的语言，结合丰富的史事，尽力做到还原历史原貌。

　　另外，历史各期的政治制度、经济发展、科技创新、文化艺术等方面都有着丰富的内涵和独特的魅力。通过了解这些，读者可以更好地理解中国的现代化进程，以及中国历史在世界历史舞台上的地位和影响力。

　　同时，本系列丛书也将关注历史背后的社会背景和文化传承；探讨源远流长的中国文化，如儒家、道家、佛教等思想流派的兴起与传承；展示中国科技的辉煌成就，如四大发明、丝绸之路的开辟等。

　　本系列丛书可以让读者穿越历史的时空，追溯历史的起源，探索历朝历代的荣辱兴衰，感受历史人物的悲欢离合，并寻找历史规律，从而以史为镜，正己衣冠。

总之，衷心希望这部《细说中国史》系列丛书能帮助读者更好地了解中国的历史和文化，并感受其独特的魅力。

　　由于历史的复杂性和多样性，这部《细说中国史》系列丛书难以涵盖所有方面，不免挂一漏万。同时，历史研究也在不断发展和更新，我们将尽可能参考最新的学术研究成果，尽量做到准确且客观地叙述。期待读者在阅读过程中提出宝贵的意见和建议，诚挚感谢。

目 录

第七章　晋国六卿之乱

第一章　诸国始乱

公元前 771 年，强大的游牧民族犬戎的军队攻入了西周的都城镐京，昏庸的周幽王因为一出"烽火戏诸侯"而最终断送了西周的基业。自此，周平王建立东周，并于第二年迁都洛邑，春秋时代正式开启。虽然周王室再次恢复了统治地位，但是经过战乱的洗礼，王室的地位与实力已经大不如从前，诸侯国反而成了控制时局的重要力量。这一时期的中原地区，诸侯掌握大权，常年内乱和征战不断，强大的国家吞并实力弱小的国家，周天子再也看不到当年万国来朝的景象了。

周幽王之死

西周一共经历了十二位君主，周朝自建立以来持续了几百年，直到周宣王时期才有了起色。只可惜，江山的基业都葬送在了周幽王的手中。周幽王（公元前 795~ 前 771 年）是周宣王的儿子，西周最后一位君王。也是我国历史上著名的荒淫君主，以"烽火戏诸侯"一事为人们所熟知。

《史记》中这样描述了周幽王："性暴戾，少思维，耽声色。"这说明周幽王是一个荒淫好色之徒。周幽王生性残暴，从来不处理国家大事，而是整日沉浸在享乐之中无法自拔。周幽王在位期间，国内矛盾十分尖锐，社会动荡不安，百姓生活困苦，而且自然灾害频发。为了保证宫中奢侈的生活，他任用奸佞之臣大肆聚敛钱财，越是灾年、荒年越是变本加厉地搜刮百姓的财产，致使民不聊生。

周幽王不爱江山爱美人，为了让妃子褒姒展露笑颜，他废掉正后和太子，并且随意点燃烽火戏弄诸侯，这让周幽王为后世所不齿，也因此背上了千古骂名。

周幽王即位第二年国内就发生了严重的地震，其范围波及周朝的镐京和泾、渭、洛三条河流，岐山坍塌。但是周幽王并不在意，他也不像其他君主般迷信神灵，而依然自顾自地享乐，沉迷于酒色之中。朝中政事一直无人打理，这可急坏了朝中的一些忠臣。当时的大夫褒珦看到周幽王置身事外的样子就打算冒死进谏，最后却被打入大牢。

朝政荒废，百姓处于水深火热之中，但是周幽王还是觉得无法满足欲望，于是他诏令天下广招美女。褒珦的儿子见父亲被抓进了大牢，心中十分焦虑，就开始为解救父亲而四处奔走。一日，他在乡间偶遇了一个十分美丽的女子，该女子样貌出众，天底下恐怕很难再找到比她更漂亮的人了，于是褒珦的儿子就打算将这个女子献给周幽王，而这个女子就是后来的褒姒。

为了救出牢狱之中的父亲，褒珦的儿子花费重金将褒姒买下，之后找人将她精心打扮了一番，又教她唱歌跳舞。通过学习，褒姒更加楚楚动人了。看着褒姒，褒珦的儿子就觉得父亲有救了。

果然，贪恋女色的周幽王一见到褒姒就笑开了花，高兴得神不守舍。褒珦的儿子一看计划成功，就赶忙趁机向周幽王提出了释放父亲褒珦的请求。周幽王正高兴得忘乎所以，于是二话没说就派人释放了褒珦。褒姒姿色过人又能歌善舞，因此一进入后宫就引起了混乱，惹得后宫争宠之风盛行。

周幽王即位第三年，褒姒就生下了一子，取名伯服。周幽王由于宠爱褒姒就打算废黜太子宜臼，改立伯服为太子。为此，他还将宜臼的生母申后打入了冷宫。周幽王原以为，褒姒会因为得到王后的宝座而高兴，没有想到这位美人从来也不在他的面前展露笑颜。

为了博褒姒一笑，周幽王可谓煞费苦心。之后，周幽王召令天下：不管是谁，只要能让褒姒展露笑容，就赐予千金。朝中的奸臣一看周幽王竟然以重金换取心爱女子的笑容，认为这是一个讨好君主的好机会，就动了歪脑筋。古代的通信技术十分落后，所以在烽火台上点燃火把是当时的人用于传递信息的重要手段。通过这种方法可以将敌人进攻的消息传递给王城和诸侯，因此烽火台是重要的军事设施，如果没有紧急事态断不可贸然使用。但是，为了讨周幽王开心，朝中的奸臣建议周幽王点燃骊山的烽火愚弄诸侯，如果褒姒看到诸侯因为烽火而手忙脚乱的样子必定开怀大笑。

昏聩的周幽王一听，不但没有责备这些奸臣，反而拍手叫好。周王室中的忠臣郑伯友听闻周幽王要以烽火戏诸侯之后十分震惊，他急忙进宫冒死进谏，劝周幽王放弃这一愚蠢的想法，无奈周幽王根本听不进去，还斥责了郑伯友。

在周幽王心中，周朝上下十分安定，根本没有担心的必要，何况点燃烽火只是开个玩笑，并非真正发生了战事，因此不会造成任何严重的后果。他对郑伯友说："就算周朝的天下出了事，与你何干？"由此可见周幽王确实愚蠢。

周幽王将奸臣们的计策当作惊喜送给了褒姒，点燃了骊山上的烽火。诸侯们看到骊山烽火四起以为是敌军逼境，一时间乱了手脚，匆匆忙忙率兵前往救援。到达之后，诸侯们才发现根本没有敌人，更没有危险，周幽王怀中的褒姒在看到诸侯狼狈不堪的样子后果然笑了起来。这可惹恼了快马加鞭赶来救援的诸侯们。

当诸侯们发现被周幽王戏弄后，心中十分气愤，但是又不能对天子横加指责，于是就带兵离开了。周幽王认为烽火戏诸侯只是个玩笑，算不得大事，让心爱的女子开怀大笑才是天下最大的事情，于是他就带着褒姒继续游玩享乐。周幽王没有想到诸侯们只是敢怒而不敢言，而他的这一番举动让周王室完全失去了威信，也为国家的灭亡埋下了祸根。

这件事之后，周幽王赏赐了为他出主意的奸臣，直到申后的父亲申侯联合西戎军队围攻京都，他才发现危险就在眼前。情急之下，他命人点燃了烽火。可是，由于周幽王的曾经做过烽火戏诸侯的蠢事，失掉了大家的信任，诸侯们都以为这次周幽王又在为怀中的美人而拿他们开玩笑，所以没有一个人举兵前去救援。周幽王自作自受，最终死在了敌军的手中。

◣ 局势分析 ◢

周幽王是我国历史上有名的昏君，他贪图享乐，弃国家大事于不顾，为了博取美人一笑甚至不惜点燃烽火戏弄诸侯，可谓是荒唐至极。另外，周幽王蔑视身边的臣子，这一点从他与郑伯友的对话之中就可以看出来。

稍微懂一点政治的君主都明白这样一个道理：一个国家的兴衰与君臣、百姓是密切相关的，特别是国家的最高统治者和谋士重臣，对国家的发展起着决定性的作用。然而，周幽王想当然地以为天下是属于他一个人的，从没有认真考虑过先祖和大臣们为打下这一片江山基业所付出的辛苦，竟然对臣子说出周朝天下与之无关的话，可见亡国是迟早的事情。

在周幽王烽火戏诸侯的事件中，褒姒起了重要的作用。周幽王为了讨好褒姒，废了王后和太子，想尽办法逗她一笑。但是，如果因此就责骂褒姒是红颜祸水、亡国的祸根也有失公正。在古代，大部分女性很难掌握自己的命运。西周的灭亡主要责任还是在荒淫好色的周幽王身上。周幽王死后，周平王接任君主之位，之后建立了东周，春秋时代正式开启。

说点局外事

犬 戎

犬戎是我国一个十分古老的游牧民族，活动于北方地区。古时候的白犬非常凶猛，外形更加接近于狼。据史料记载，犬戎的部民自称是二白犬的后代，对犬类十分尊敬，并且将白犬作为信仰图腾。据说，犬戎是炎黄族的近亲，在炎黄时期就与炎黄族不太和睦。

具体来说，古时候的犬戎主要生活在现今的甘肃、陕西地区一带。当周朝的实力逐渐衰弱下来的时候，少数民族一些部落却日渐强盛。犬戎成了中原地区的心腹大患，经常侵犯周朝的领土。周宣王时期，王室实力比较强大，曾经派军队讨伐过犬戎并且获得了胜利。但是后来，随着周王室中道衰落，犬戎越发肆无忌惮并直接导致了西周王朝的覆灭。

周平王迁都

周幽王由于宠爱褒姒而废掉了原本的申后和太子，太子不得已逃往中国。

申侯听说了周幽王的恶行后大怒。这时候，周幽王又听奸臣的谗言决定大肆动兵讨伐申国。申侯虽然很生气，但是深知与周相比申国势单力薄，必须采取先发制人的方法才有获胜的可能性。于是申侯想了一个自认为完美无缺的计策：向戎借兵。

申侯在周幽王没有组织好军队攻打申国的时候，借了一万多戎兵，并与之联合围困周。周幽王由于之前的"烽火戏诸侯"而没有得到诸侯的响应和救援，最后被联军杀败。之后申侯、徐文公、鲁侯等人便再次拥立太子宜臼为王。

令申侯没有想到的是，他的如意算盘落空了。戎兵在攻陷镐京之后四处烧杀抢掠，无恶不作，而联合了戎兵的申侯自然成为百姓迁怒的对象。都城的百姓都认为是申侯蓄意犯上作乱，才引狼入室而导致遭劫。一时间，申侯成为万夫所指的对象，致使他惶惶不可终日。为了摆脱叛乱的罪名，申侯终于决定邀请其他诸侯帮忙驱赶戎兵。

接到求援信的晋、秦、卫等诸侯立刻纠集人马开往镐京。他们之所以如此热衷此事，是想要借助这次机会在其他诸侯中建立起威信，以为长远打算。为了激起郑国的战意，申侯又秘密派人将郑桓公的死讯告知了他的儿子掘突。掘突一听说父亲战死，便即刻率领大军直奔镐京，打算为父亲报仇。戎兵已经料到了掘突的到来并早早做了准备。冒失的掘突在对战中遭遇了敌人的埋伏，兵败后退，并开始等待诸侯援军的到来。

其他几位诸侯随即到来，与郑军汇合之后大军开始围攻戎兵。里应外合之下，戎兵最终杀败逃出了周朝都城。鉴于周幽王已死，诸侯战胜后的第一件事就是迎立新的君主。于是宜臼被扶上了宝座。

此次事件之后，援助镐京的各路诸侯都得到了封赏。同时，周平王还将申侯晋爵为公，丝毫没有惩罚他引狼入室的行为。可以看出，周平王是极其聪明的。他知道自己能够登上王位完全是倚仗了申侯，所以即使申侯是他的杀父仇人，他也还是感谢申侯让自己免了终老他乡之苦。申侯深知申国实力弱小，且引戎兵入朝的行为并不光彩，不能服众，所以在封赏时申侯一再推辞。

需要注意的是，虽然这次大乱以周王室的胜利而告终，但是经过内乱洗礼的王室地位与实力都已经大不如从前了，诸侯国反而成了控制时局的重要力量。

东周建立初期，周平王的王位很不稳固，并且出现了"二王并立"的局面——余臣被立为周携王。由于周平王是被申侯扶上王位的，所以难免感到尴尬和无助。后来，晋侯杀掉了虢公扶植的携王。

戎兵被杀退之后，镐京一片断壁残垣，完全没有了过去那种繁华的景象。考虑到游牧民族还有可能再次侵犯镐京，周平王萌生了迁都的念头。

他同身边的大臣说："你们说，既然当初先王已经定都镐京，为什么还想要苦心经营洛邑？"大臣们对周平王的想法心知肚明，于是就附和了一番，阐述了洛邑在地理位置、经济和政治等方面的优势。周平王又问道："镐京时常遭受侵犯，那么迁都洛邑怎么样？"大臣们表示，防御能力不足且经过战乱的镐京已经受损严重，百姓必定难以支撑高昂的修缮费用，不如迁都洛邑，既可以远离狄戎的侵扰，又可以省去重建的费用，减轻国家和百姓的负担。

不过，大臣中还是有人对迁都洛邑存有异议，这个人就是卫武公。卫武公向周平王阐述了镐京的地理优势："本来镐京地势险要且土地肥沃，之所以受到戎兵侵扰是因为申侯引狼入室。洛邑居于中，但是地势过于平坦，不利于抵抗外侵。虽然现在的镐京残破不堪，但是只要君主诚心治理，很快就可以让镐京恢复原貌，再次恢复先王的霸业，威震八方。"

可以说，卫武公的话很有道理。只不过，这时候的周平王心意已决。公元770年，周平王昭告天下迁都洛邑，愿意一同前往的要尽快做好准备。洛邑没有经历战乱，十分繁荣，与曾经的镐京无异。但是，迁都于此的周王室却没有了往日的辉煌。这时候的周王室，诸侯掌握大权，征战不断，强大的国家吞并实力弱小的国家，远不是当初接受万国来朝的局面了。

据史料记载，迁都之初的诸侯国竟然达到了一百四十多个，政局极其混乱。东迁之后，周王室进一步衰弱下去，不仅丧失了当初的威信，还失去了大量的人民和土地。而一些颇具实力的大国，如秦、齐、楚等则开始蚕食这些原本属于周王室的土地。

局势分析

一般来说，史学家认为周平王迁都事件标志着周王朝国势的衰退，周平王迁都之后的国家俗称东周，而西周由周武王建立，一直持续到周幽王这一代。周平王迁都之后，王权开始衰落，逐渐分散到各个诸侯地方势力的手中。相对的，诸侯的实力不断增强。

周平王得不到各诸侯拥立的另一个原因是：周平王的支持者是申侯，这让周平王担负了一定程度的杀父罪名。事实证明，周王室的君主没有能力抵御外侵和内患，在面临威胁的时候不得不请求诸侯的保护。这些都使得周王室的地位和集权能力迅速下降。既然君主无能，实力强大的诸侯自然想要争霸天下，这促进了春秋时代群雄争霸局面的形成。

西周某年的王室内部已经腐败不堪，各方势力矛盾不断激化。周幽王过分宠爱褒姒，甚至为了讨好她而废后。当时，外敌侵犯周朝边境的次数十分频繁，西周的都城经常受到北方游牧民族的侵扰。另外，根据资料记载，当时西北地区遭遇了好几年的大旱，同时在岐山地区又发生了地质灾害，导致国家的农业生产遭受了十分严重的影响。内忧外患，为周王室的衰败埋下了祸根。

经过了烽火戏诸侯的闹剧，各地的掌事人在打退了犬戎大军之后各自封国。周平王迁都洛邑之后，开始了他五十年的统治。东周是周王室逐渐衰退并最终灭亡的时期，东周开始后，各个诸侯国崛起，纷纷掌握了实权，周天子控制的地区范围则越来越小，最后只剩下方圆两百里的地区，同时逐渐丧失了对诸侯的指挥权。比如，公元前708年，周朝军队就被郑国打败，周桓王自己也身受重伤。

不过，对诸侯国来说，虽然王室衰弱了，但仍旧有着很好的利用价值。在一些势力刚刚崛起的时候，他们曾经利用周王室的旗号发展经济，扩充势力。公元前367年，周朝王室内部由于权力争斗使得东周分裂为两部分，最后被秦灭掉。

五雄争霸之春秋

说点局外事

礼崩乐坏

礼是我国古代社会的基本规范，礼和乐可以维持整个社会的正常运作。我们常说春秋是礼崩乐坏的时代，这是因为在春秋时期社会制度和社会道德等遭到了严重破坏，人们不再遵循旧有的文化秩序。

春秋时期，周天子的权力下移，"天下无道，则礼乐征伐自诸侯出"，诸侯权力不断增强，僭越之事时有发生。当时，只要一个人的手中有实力，就可以左右一个国家或者多个国家的政治局面，破坏原有的政治平衡。无数的贵族势力和王室被消灭，同时新的势力不断涌现。对此，孔子发出了由衷的感叹。

由于旧制度的废除和旧文化的破坏，春秋时期社会的各个方面都出现了礼崩乐坏的情况。首先，由于生产力不断提高，井田制逐渐解体。并被土地所有制所取代。郡县制出现，君主分封土地的现象越来越少，这些郡县直接受控于君主。再者，各个诸侯开始混战，周王室却根本没有足够的能力加以阻止。由于权柄下移，周王室的实力衰弱，周天子甚至要靠着各个诸侯国的救济过活，自然威信全无。另外，各个诸侯国内部也不太平，经常出现士族大夫篡权谋逆的情况，人们的眼中早就没有了礼乐制度。

郑伯克段于鄢

在历史上，王室中为了争权夺利，兄弟之间自相残杀的例子数不胜数。郑庄公和他的弟弟段之间就存在着这样的争斗关系。

郑庄公的父亲郑武公，娶的是申侯的女儿姜氏。姜氏给郑庄公生了两个儿子，长子难产，出生时是脚先出来，头最后出来，这让姜氏受了不少罪，于是给这个孩子取名为寤生。姜氏对这个孩子非常嫌弃。第二个出生的儿子叫段，从心理上来说，人们一般都会偏爱小儿子，而且这位年纪较小的段公子的仪表堂堂，并且乖巧可爱，颇得姜氏的欢心。姜氏对自己的小儿子颇为宠爱，希望他能够继承王位。尽管姜氏曾多次对郑武公提到过这件事情，但是郑武公都是一笑置之，姜氏的提议并没有产生多大的影响。随后，郑武公把寤生立为世子，并且把共城赐给了段，作为他的食邑，因此段在历史上又被称为共叔段。

郑武公去世之后，寤生顺利地接替了王位，即郑庄公。此时，郑庄公不仅成了郑国的国君，还承袭了郑武公在周朝的爵位，而郑庄公的得势使得姜氏颇为不满，她所宠爱的小儿子共叔段却只有一个共城，而郑庄公却轻而易举地得到了侯位和威望。于是她就常常在郑庄公的面前表现出不满的样子，说："你倒是从你父王那里得到了国家和侯位，而你的弟弟却仅有一个巴掌大的共城，难道你忍心看你弟弟受委屈吗？"

郑庄公是个聪明人，他深知自己的即位使得母亲甚为不满，但让他拱手出让王位，显然也不可能。母亲对弟弟的偏爱，显然已经对他构成威胁，他需要一个能够使天下人都信服的理由，来消除共叔段对他的侯位的威胁。

没过多久，他的母亲姜氏又来为共叔段请求封邑，要求郑庄公把制地分封给共叔段。郑庄公十分为难地说："制地的地势过于险要，虢叔曾经死在那里，父亲说过那个地方不能分封，其他的地方无论哪里都可以。"于是姜氏就对郑庄公说："既然如此，就把京城分给你的弟弟吧，这样总行了吧？"这分明是要共叔段平分郑庄公的天下，于是郑庄公就犹豫了一下。姜氏看到郑庄公迟疑的态度，就气愤地说道："难道非要让你的弟弟流落他乡你才满意吗？"郑庄公没有办法，就只能同意了。

第二天，郑庄公在朝堂上和群臣讨论此事，基本上所有的大臣都对封赏共叔段持反对的态度。大夫祭仲认为，京城的面积过大，已经超出了祖制对于都邑分封的规定。郑庄公何尝不知道这一点，但他还是表现得十分为难，说："母亲都已经这样命令了，我又有什么办法？"共叔段看到郑庄公对自己的举动并无过多的干涉，就觉得哥哥软弱可欺，于是放开手脚，企图夺得郑庄公的位置。可是，共叔段是一个头脑简单的人，他在京城中的所作所为已经失去了民心，遭到了很多人的反对。

共叔段的行为越来越肆无忌惮，之后甚至以打猎的名义，侵占了郑庄公的土地，将鄢和廪延两地收入自己的版图。这两国的长官都跑到郑庄公那里去告状，公子吕也建议道："共叔段的罪行已经能够诛杀了，请大王动手吧。"

公元前 722 年，郑庄公灭段的工作已经准备就绪，就差一个借口了。这时，姜氏正好给共叔段写了一封信，说要和共叔段里应外合发动政变，以取代郑庄公。早有准备的郑庄公拦下了母亲的信使，并让自己的手下人把信送到共叔段的手中，共叔段一回信，就被郑庄公获得，成为共叔段谋反的罪证。

在万事俱备的条件下，郑庄公终于举兵讨伐共叔段。当共叔段企图发动战乱的消息一传播开来，京城的老百姓都一边倒地支持郑庄公，认为共叔段是咎由自取。郑庄公甚至没有浪费一兵一卒，就攻入京城的大门。共叔段得知京城已经被攻破，慌乱之下逃到共城。而共城的士兵得知原委之后，也不愿意为共叔段卖命，基本没有人抵抗郑庄公的进攻，共叔段知道自己大势已去，就拔剑自刎了。

郑庄公在攻破共城之后，找到了弟弟共叔段的尸首，并抚尸痛哭，仰天长叹道："弟弟，你为什么要这样做呢，多么傻啊！"此刻郑庄公的眼泪不知是悔恨，还是真的为失去弟弟而悲伤。因此，后人在评价郑庄公时，有一些会认为他过于狡猾，故意纵容弟弟，以便斩草除根。

局势分析

春秋初期，郑国是一个中原大国，而且曾经被授予很高的地位。郑国和周王室的距离很近，地理位置十分重要，因此也很为中原各诸侯国所看重。郑庄公在郑国的历史上，确实是比较有名的君主。在他在位时期，郑国走向了强盛，并且一度成为中原地区的霸主。但是，这位霸主却被评价为阴险狡诈。因为他故意纵容弟弟共叔段，并最终置自己的亲弟弟于死地。在除掉自己的弟弟之后，郑庄公又把一向敌视自己的母亲也关了起来，并且发下毒誓，不到黄泉绝不相见。但是，在礼制文化盛行的春秋时期，郑庄公的这一做法并不明智，后来在谋臣的建议之下，他挖通了隧道，最终和母亲在隧道中相见。从这一点来看，郑庄公确实是一个很懂得谋略的人。

虎 符

虎符是军权的证明，兵符的一种，可以用来调动军队。之所以被称作虎符是因为其形制似虎。为什么一定要制成虎形呢？据说，这与中国古代人对老虎的崇拜有关系。虎符最早出现在春秋战国时期，一般为铜制而且样式很多，可以说每个地方都有其特色的虎符。

由于虎符可以调动军队，在古代战争中起着至关重要的作用，一旦被别有用心的人拿到，后果不堪设想，所以人们对于虎符的保管是十分慎重的。一般情况下，虎符要被分为两个部分。如果有人想要调动军队，就必须将两个部分合在一起。为了保险起见，一般虎符有一半要放在朝中由诸侯或者值得信任的大臣管理，另一半则在大将军的手中。一旦出现战事，将两个相对应的虎符放在一起就可以调兵遣将了。根据规定，虎符调动的最低人数是五十人，一个虎符不可以调动两个不同地区的军队。另外，一旦战事结束，虎符就必须立刻被朝廷回收，以防出现兵乱。

《史记》中记载了不少有虎符有关的事件，足以说明其在古代战争中的重要作用。不过，纵观中国历史，虎符也经历了不小的变化，这些变化不仅仅体现在形状和数量上，还体现在虎符上的铭文以及地位上。从某个角度来说，虎符记录了中国军事历史的变迁。

郑庄公小霸

郑庄公，郑氏，姬姓，郑国的第一位君主，在位时间为公元前 743 年至公元前 701 年，他是中国历史上一位著名的政治家。郑庄公时期，郑国出现了小霸的局面，成为第一个地方政权。虽然郑庄公倾其一生也没有真正实现霸业，其子孙也未取得霸主地位，但是他仍然是春秋初期最为耀眼的人物。

郑氏几代人都在周王室中担任着重要职务，手中握有实权，把持着朝政。郑庄公接任后，内乱被平定，政治经济发展迅速，郑国很快强大起来。郑庄公在位期间打败了多国联军的进攻，抵御燕、北戎等国的侵犯，多次出征伐

许、陈等国，屡战屡胜，其辉煌的气势让当时的齐国都追随于郑。除了军事上的才能，郑庄公还是一个很有远见卓识的政治家。他有战略眼光，善于交涉、精于算计，懂得审时度势与君主周旋，让郑国在春秋乱世中争得了小霸的地位。

周平王在位时期，郑国的强盛让他心生忧虑。郑庄公担心大权被夺走的周平王收回了大部分权力，转而赐给虢公。这对于郑庄公来说是一个不小的打击，但是当时为了大局着想他没有立刻发作。郑庄公以退为进，这一招果然起到了显著的效果，最终出现了历史上著名的"周郑交质"。

当时，心怀不满的郑庄公在朝见周天子的时候做出了出乎意料的举动：他以十分诚恳的语气请求周天子另收贤才辅佐。周平王没想到郑庄公会这样说，看到郑庄公的架势一时间反倒不知道怎么办才好了。郑庄公以退为进，看似谦虚实则是在威胁周平王。周天子的智略远在郑庄公之下，只得多次强调自己的并无针对郑庄公之意。

经过商议，这次"推让"事件让双方最终达成了新的协议。这个协议涉及了两点：第一，郑庄公职位不变，依然任卿士；第二，周平王的儿子和郑庄公的儿子到对方的地界生活，说白了就是做人质，即"周郑交质"。

原本强大的王室，竟然沦落到与诸侯交换人质，可见周王室的羸弱程度已经无力抵抗势力强大的诸侯国了，甚至在某些方面要受其制约。公元720年，周平王离世。过了不久太子也去世，太子的儿子即位，史称周桓王。

周桓王算是一位有抱负的君主。即位后，他希望通过自己的努力改变周王室没落的局面，重新将诸侯国控制在王室之下。眼见这时候的郑国越发强大，周桓公决定再次收回一些郑庄手中的权力。郑庄公自然不允，并且在周桓王面前摆出了强劲的势头。他甚至两次派人强收了周王室辖区内的粮食。

周桓王并不懦弱，在得知消息之后他暴跳如雷，决意要再次削弱郑庄公的势力。在一次朝见中，周桓王特意杀了杀郑庄公的锐气，并诏命收回他的权力。郑庄公一看周桓公不吃这一套，于是就变换手段回国内专心治理郑国。

公元前719年夏，蔡、陈、宋、卫联合出兵攻打郑国。当年秋天，曾经与郑国结盟的鲁国转投四国联军，郑国遭到5个国家的围攻，这让郑庄公十分气愤。但是，郑庄公没有因为一时的气愤就与鲁国决裂。相反，他还四处寻找机会再次拉拢鲁国与之结盟，由此可见郑庄公是一位不拘小节的成大事者。

公元 714 年，郑庄公借着天子名义假传圣旨，借口宋国没有来朝见周天子命令各诸侯国攻打宋国。齐国和鲁国响应诏命攻入宋国，宋国国都随即被攻陷。但这一举动也使得郑国和周王室的关系到达了前所未有的恶劣程度，战争一触即发。

郑庄公没有想到，虽然联军到了宋国的都城，但是宋国和卫国的联军也趁机攻入了郑国都城。郑国都城内防守空虚，郑庄公只得撤兵。这时候，宋国和卫国发现事情有了转机，便又联合蔡国，戴国面临灭亡的危险，这让郑国陷入了更大的危机之中。

形势危急，郑庄公借着救援的名义进入了戴国，在这之前还大方地将刚刚夺取的两座宋国城池送给了鲁国，以巩固两国关系。宋国、卫国和蔡国联军敌不过郑国军队被迫撤军。击退联军侵略的郑庄公并没有回到郑国，而是趁机夺取了戴国的权力。之后他又领兵攻打另外两个诸侯国，接着回打宋国。这一次，宋国被打败，郑国一时间威震四方。

宋国战败之后，其盟军卫国迫于无奈也宣布请和，郑国在中原的霸主地位确立。

公元前 712 年，周桓王用十二座非王室管辖的城池交换了郑国的十座城池，看起来划算的交易实际上是剥夺了郑国一部分城池。后来，周桓王又撤了郑庄公左卿士的职位，想要彻底打压郑国的发展。郑庄公一看，周桓王处处故意为难他，于是终于改变了之前一味忍让的态度，摆明态度与周王室对峙。

之后的五年中，身为诸侯的郑庄公都没有朝见周天子，也不再上交贡税。周桓公看到郑庄公如此傲慢，竟然不把身为天子的自己放在眼里，自然十分气愤，于是就决定御驾亲征讨伐郑国。

公元前 707 年，周桓王带领四个诸侯国——陈、蔡、虢、卫组成联军征讨郑国，郑庄公带兵在繻葛与之对抗，繻葛之战爆发。联军分为三个军阵，而郑庄公则采用了攻击力较强的"鱼丽阵法"，最后联军大败，周桓王也被一箭射中了肩头而仓皇退兵。郑庄公的手下大将见周桓王逃走就想要追赶，可是郑庄公却将他拦了下来，向人们表明郑国只是自卫，不会做欺人太甚之事。后来，郑庄公还派人安抚慰问战败的周军。

自卫战胜利，而且充分表现出有情有义的郑庄公通过繻葛之战让周王室的颜面扫地。战后，郑庄公接到了各路诸侯的求和申请，郑国成为当时中原实力最强的诸侯国。公元前701年，郑国与宋国、卫国和齐国等诸侯国结盟，成为了诸侯国中的霸主。

很多人不知道，古代著名的远交近攻战略就是由郑庄公提出的。在与周王室和诸侯国的对战中，这一战略帮助他获得了不少优势。顾名思义，远交近攻战略指的就是联合那些地理位置较远的国家攻打那些近处的国家。那么这样做的好处是什么呢？对于郑庄公来说，这个战略可以帮助他战胜宋、卫，并在争霸的路上走得更远。

在当时的政治版图上，郑国的东方是宋国，北面紧邻卫国。三个国家从一开始就矛盾重重，危机随时都有可能爆发。对郑国来说，如果想要彻底清除隐患最好的办法就是同时消灭两个国家。可事实是，一旦宋国和卫国联合起来，郑国反而可能会因为腹背受敌而被消灭。

经过认真地思考和分析，郑庄公发现向外扩张的形势对郑国更加有利，于是他想出了最适合郑国发展扩张的战略。可以看出，郑庄公是一个深谋远虑、城府极深的人，不管是在内政方面还是外交方面都表现得十分沉稳。

局势分析

郑庄公在位期间将郑国推向了盛世的高潮。春秋初期诸侯林立，而郑国却能在郑庄公的治理下脱颖而出成为一方强国，这与郑庄公本人的能力与努力是分不开的。

郑庄公出身贵族，受过良好的传统文化教育。但是郑庄公本人却充满了反叛精神，他对传统的礼数教育十分不满，并最终成为春秋时期政治舞台上第一个敢于反对礼教的人。

首先在传统的长幼伦理意识上，郑庄公十分叛逆。他的母亲姜氏由于爱护叔段而准备发动叛乱，郑庄公对此一点也没有留情就平息了叛乱，而且在母亲死后也没有打算做出妥善的安置。

在与周王室的关系问题上，郑庄公更是无视了传统的臣子之道，不仅与周天子可以周旋，抢收周王室的粮食，还公开反对其控制，率兵与周军展开大战。但是郑庄公又是一个颇有智谋的反叛者，遇事懂得忍让，凡事顾全大局，很少意气用事一意孤行。

可以说郑庄公是一个十分不安分的人物。正是这样的人物，才成为了春秋时期反抗周王室统治的先驱。

说点局外事

五谷文化

中国是饮食大国，粮食文化是一种独特的文化形式。春秋时期，中国出现了"五谷"之说，然而关于"五谷"的定义却有不同的说法。有人认为"五谷"指的是"黍""稷""麦""菽""稻"，也有人认为指的是"黍""稷""麦""菽""麻"。

除了"五谷"以外，中国古代也有"六谷""九谷"和"百谷"之说。"六谷"指的是"稻""黍""稷""粱""麦""苽"六种作物。《吕氏春秋·审时》《吕氏春秋·审时》《礼记·月令》以及《吕氏春秋·任地》等书中都详细记载了有关中国古代粮食作物的资料。

五谷文化在中国文化中具有举足轻重的地位，中国自古有"五行"之说，而五谷文化的流行则是受了五行文化的影响。据考古发现，几十万年前人类就有了关于高粱的记载。因此可以说，五谷文化与人类有着相当密切的关系。

随着人类文明的发展，人类种植的粮食作物种类不断增多。土地制度的不断发展和水利工程的出现也提高了生产力，让农业发展登上了一个新的台阶。

大义灭亲

石碏是春秋时期卫国的大夫，为人直率，十分关心百姓的生活和疾苦。

中国历史上著名的"大义灭亲"的故事主人公就是他。

到了卫庄公时，石碏已经是一位老臣了。卫庄公有三个儿子，其中他最喜欢州吁。州吁是卫庄公的一个宠妾所生，由于他的过度宠溺，州吁从小就养成了残暴的性格，而且对战争有着特殊的兴趣。他经常胡作非为，摆弄刀枪。

石碏曾经多次劝谏卫庄公管教州吁，石碏对卫庄公说："听说，爱自己的孩子就应该教导他礼仪，让他懂得守规矩，骄奢放任会让他产生邪恶的念头。如果要传位于州吁，还像现在这样骄纵他，日后必成大患；如果将来不传位于他，恐怕他会因为权力和地位的关系发动叛乱。"虽然石碏说的句句在理，但是卫庄公根本就不听，依旧听之任之。另外，石碏的儿子石厚经常与州吁厮混，一起为非作歹。对此，石碏十分气愤，曾经鞭打石厚并将其锁入了房中。没想到石厚丝毫没有悔改之意，干脆跳窗逃走，从此住在了州吁府中。

公元前735年，卫庄公去世，公子姬完即位，史称卫桓公。卫桓公天性仁厚，因此在皇室权力争斗中略显懦弱。石碏认为卫桓公不会有大的作为，便主动请辞，告老还乡。

石碏隐退期间，州吁、石厚更加无法无天。卫桓公由于无法容忍州吁的骄奢专横，便在即位的第二年将他赶出了京城。没想到，州吁依旧贼心不死。公元前719年，石厚向州吁献计刺杀卫桓公夺取王位。石厚说："明日，您在城门口设宴，然后找机会把君侯杀死。同时我带几百人埋伏在城门之外，杀死反抗的人。"于是第二天，州吁依照石厚的计策在城门外刺死了卫桓公之后自立为新君，石厚被封为上大夫。

为了欺骗大众，州吁将卫桓公的尸首带回了城中并称他是暴死。卫桓公的弟弟见势不好即刻出逃到了邢国。但是州吁知道，仅仅是这个理由并不足以服众，他的登基并没有得到百姓的支持与拥护，朝廷众大臣也对他的能力持怀疑态度。为了树立威信，石厚献计："想要快速获得拥护，最好就是打胜仗。"苦恼不已的州吁一听，便问石厚："你觉得我们应该去打哪个国家？"石厚想了想，表示可以贿赂联合鲁、陈、蔡、宋几个国家攻打郑国。

为了转嫁国内的危机，州吁听了石厚的计策开始大肆征兵。四月，几个国家的联军浩浩荡荡到达了郑国的都城。但是州吁没有想到，郑庄公是一个十分贤能的君主，他们的攻击并没有起到明显的效果，联军还被郑庄公瓦解。不过，最后郑庄公还是给了州吁一个天大的面子——假意退兵，帮助州吁获得了胜者的美名。

虽然这次看似荒唐的战争以胜利告终，但是由于州吁大肆征召青壮年参与到战争之中，还是搞得劳民伤财。

州吁和石厚把持了朝政，正在沾沾自喜。石厚还建议州吁派人带着重礼去邀请他的父亲石碏出山与之同辅朝政。他说："家父是朝廷的老臣了，拥有很高的名望。如果他肯辅佐您帮助您打理朝政，君侯就可以安心了。"州吁刚刚登上王位不久，国家政权并不稳固，也很希望能有朝中德高望重的老臣做自己的支柱，于是他让人带着美玉和白粟去邀请石碏。

没想到，老臣石碏以病重为理由拒不接受重回朝纲的请求。不得已，石厚亲自回家邀请父亲出山。他哪里知道，表面上与世无争回家养老的石碏早就在暗中做着清除这些叛逆之人的计划。石厚见父亲连连推辞也不好再强求，于是向石碏征求治国方略，他问："新君刚立，如何才能在国家内外获得威信？"

石碏一听石厚向自己讨教，便计上心头，于是假意献计说："只要能见到周王并得到赐封就好。"其实，州吁和石厚心里是明白的，只要获得周王室的赐封便可以打着合理合法的旗号治理国家，这样就可以高枕无忧了。但问题是，他们不知道如何才能见到周王。

石碏对石厚说："陈侯一直对周王俯首帖耳，周王也对他十分赏识。只要你们能够和陈侯一同前往，让他为你们说情就一定能见到周王。"石厚听完父亲的计策喜笑颜开，高兴地向州吁汇报。州吁一听也大呼妙计，之后便备下重礼，准备与石厚一同前往陈国。

在州吁与石厚征求陈侯援助的时候，陈侯接到了石碏的一封密信。陈侯即陈桓公，陈国的大夫子针平日与石碏私交甚密，他打开信一看大吃一惊，原来石碏是用自己的血写了这封信，于是他将信件呈给了陈侯。信上写道："卫国羸弱，又造弑君大祸。为了防止弑君之举广传天下，必须诛杀这些乱臣贼子。虽然卫国的弑君者是州吁，但是石厚难辞其咎。我已年老，无力制止他们的行为，对先王深表愧疚。现在这二人已经前往贵国，希望贵国能够抓住他们整顿朝纲。"

看完信，陈桓公决定抓捕两位叛逆之人帮助卫国铲除心腹大患。州吁和石厚刚刚到达陈国的时候受到了热情的欢迎和招待，并且商议好第二日觐见陈侯。这让二人十分高兴，认为此行必定大获成功，怎么也没想到自己已经进入了圈套之中。

第二天，州吁等人到达约定的地点——太庙，准备面见陈桓公。刚到门口，他们就发现门上的牌子上写着几个字：乱臣贼子莫入。二人还没弄清是怎么一回事便被陈国的兵士抓了起来。

陈桓公抓到了州吁、石厚之后就想要将他们斩首。这时候，手下的大臣们劝他说："此二人虽然犯下弑君之罪，但是石厚是石碏的亲生儿子，我们还是要慎重行事，让卫国派人前来问罪。"陈桓公觉得有道理，便分别将二人关押了起来，并修书给石碏询问解决之法。

石碏接到陈国的书信之后即刻召集大臣们商议对策，朝中大臣异口同声，将此事全权交给石碏处置。于是石碏说道："这二人叛国弑君，罪不可恕。不知道在座的各位有谁愿意去将这两人杀死？"

朝中大臣们认为石碏对二人的判决过重，只要斩了作为主犯的州吁便可，不必连石厚也处死，可以从轻发落。石碏一听便发起火来，他认为州吁之所以会萌生篡位弑君之心，全是因为逆子石厚在身后挑拨出谋，如此大罪绝不可轻饶。他说："各位为石厚求情难道是怀疑我有护子之心？老夫会去亲自杀了逆子。"

众人见石碏心意已决也不再说什么，这时候石碏的家臣獳羊肩站了出来，表示愿意为石碏杀了石厚。深知罪孽深重的石厚见到獳羊肩只提出了一个请求：见父亲石碏一面。獳羊肩拒绝了石厚的请求，他说："我是奉你父亲的命令来杀你的，你做的事情实在有辱家门，还有什么颜面见你的父亲？如果你还念着父子之情就改乖乖受刑。"之后，獳羊肩处死了石厚。

局势分析

州吁是春秋时期第一个弑君篡位的公子，可以说，州吁是有一定的政治头脑的。但是，州吁狠毒和骄奢淫逸的天性必定让权力葬送在自己手中。在州吁被杀之前，鲁隐公曾问臣子对州吁如何评价，那时候大臣就认为州吁的残暴定会让他众叛亲离，落得个失败的下场。

州吁是卫国的第十三任君主。卫庄公曾经娶了齐庄公的女儿庄姜为妻，庄姜贤惠，深得国人的爱戴。卫国人还曾经作诗来赞美美丽的庄姜。可惜的是，庄姜一生没有为卫庄公留下子嗣。卫庄公又娶了陈国的厉妫、戴妫。卫桓公是戴妫所生，厉妫则在生下公子孝伯后便离开人世。庄姜很喜欢卫桓公，而由宠妾所生的公子州吁却因为爱好武艺而深得卫庄公喜爱。

俗话说："虎毒不食子。"然而石碏却可以大义灭亲，为了国家而杀掉自己的亲生儿子。爱护自己的孩子是动物的天性，父母护子之心无可厚非，也正因此才有了亲情。但同时，人是有理性的动物，懂得识大体，顾大局。在理性与情感面前，不同的人会有不同的做法。石碏所做的大义灭亲之事得到了后世的赞扬，春秋时期的史学家左丘明曾说过："为大义而灭亲，真纯臣也！"

卫庄公和石碏是两个十分明显的例子。卫庄公因为喜爱州吁便对他放任自流，不加管束。即使州吁犯了再严重的错误也不责罚。而相比之下，石碏则对儿子的作为十分愤怒，多次教育严惩，甚至在最后的时候亲自派人杀了石厚，可见其在亲情与大义面前选择了后者。

有的人会说石碏冷漠无情，对自己的孩子都如此残忍。实际上，对古人来说，有时候"义理"比什么都重要，是人们需要付出代价的东西。石碏表面上看起来不通情义，实际上却遵循了"大义"的做法。

▌说点局外事▐

诸　侯

周朝时期，周天子加封了不少有功之人，封赏的官位不同，封地的大小不一，而诸侯就是这些封地的主人。周朝的封赐分为5种，分别为公、侯、伯、子、男。诸侯的手中握有一定的权力，在自己的封地内，诸侯享有天子一般的待遇。他可以制定属于自己封地的各种规章制度，享受朝拜。但是从根本上来说，诸侯还是要侍奉周王室的。

按照周朝的规定，诸侯要服从周王室的领导，定期向周王室缴纳贡品，并且有着保护周王室的责任。此外，诸侯还必须承担其他一些相关的义务。当然，在周王室的威望和实力相对较强的时候，这一政策具有稳定政局的作用。鲁、蔡、赖、齐、燕、毕、邢、管、曹、郕、霍、卫、滕、晋、吴、虞、虢、楚、许、秦、莒、纪、郯、薛、宋、杞、陈、焦、蓟、杨和朝鲜等是当时比较大的国家。

楚国崛起

楚武王熊通是楚国君王熊坎的次子。公元前741年，熊通的兄长熊旬去世并将手中的权力给了自己的儿子。熊通早有夺权的野心，就趁机发动政变杀了熊旬的儿子，自立为新君。熊通为人豪爽强硬，做事果断，是春秋初期第一个敢自称为王的诸侯。

楚国是周王室的诸侯国之一，由华夏族建立。最初，楚人居住在黄河流域，之后随着时间的推移逐渐南迁。据史料记载，楚国的先祖是黄帝的孙子。商王朝时期，楚地人在抵御了王室进攻的中途大量吸收了中原地区文化，到周朝时期已经成为周王室在南方的有力支持者。

西周初期，周王室与楚地部落保持了良好的关系。随着实力的增加，楚国人自然而然地想要得到与之实力相符的名号与地位，但是一直未能如愿。随着时间的推移，周与楚的关系开始恶化，楚也逐渐成为周王室的边界大患。周昭王时期，周天子曾经多次率兵讨伐楚国。当时，周昭王御驾亲征，带领大军渡过汉水。可是，他太小看了楚国的实力。前两次讨伐均无功而返，而最后一次讨伐，周军全军覆没，连周昭王都死在了汉水。周王室原本想要教训一下不安分的楚国，没想到反而受到了重创。周王室在连续不断地战败中势力逐渐衰落，而楚国则愈发强大起来。

眼看依靠自身的力量已经无法控制楚国的发展，周王室开始在楚国周围分封与周王室关系密切的诸侯，希望可以牵制住楚国作乱的势头，同时这些诸侯可以成为横在周王室和楚国之间的一个缓冲地带。如果楚国想要作乱，必定要先打败邻近的诸侯国。

周昭王死后，楚国自顾自地发展位于江汉之间的势力。周平王时期，部落首领熊绎受封，从此成为一方诸侯。但是，与其他诸侯国相比，熊绎所获得官位非常低，这让楚国人十分不满。即使实力不差，但是由于出身不同，楚国还是受到了诸侯国的排挤，为原本就不平静的周王室增加了矛盾。

公元前 704 年，熊通自立为楚武王，就此结束了与周王室之间的君臣关系，楚国在他的领导下进入了独立发展的新时期。在国内，楚武王进行了一系列的改革，他创立了县级制度，改革官制和治兵之法。对外，楚武王通过战争进一步扩张楚国的势力，势力增长之快让一些中原大国都感到了一定程度的威胁。可以说，是楚武王为楚国的发展和以后的称霸夯实了基础，带领楚国走上了强国之路。

楚武王很懂得收拢人心，他在宣布独立之后迅速安抚了当地的贵族势力，同时大力发展国内经济，因此很快就得到了拥护。在他的手下有一大批忠心为国的贤德之人，军队的势力也十分强大。

即位之后没过几年，楚武王开始实行扩张计划，兴兵攻打汉水之北的城池。这一次他带领着手下的精兵杀到了南阳盆地地带，信心满满地打算夺取权力。不过，这一次的扩张以失败而告终。远征之后，兵疲将乏，楚武王决定回到本国继续休养生息，等待兵力增强。

据史料记载，斗缗是商武帝的后裔，由于在西周初期被封而建立了权国。当时，权国实力强盛，但是面积很小，位于江汉平原的西部地带。眼看时机成熟，楚武王率兵攻打并吞并了权国，权国国君被降为小小的县尹。曾身为国君的斗缗怎么肯屈居于人下？权国被灭没过久，他就开始组织兵士造反。

楚武王听说斗缗造反，即刻派兵镇压，斗缗叛乱无果。为了防止类似事件的再次发生，熊通让当地有权有势的贵族全都离开，重新设置郡县安排贤才，之后根据当地的习俗进行治理。后来，每次消灭一个国家，楚武王都沿用这一做法。

一般人都认为，郡县制由秦王首创。这里可以看出，中国历史上重要的郡县制度其实是楚武王熊通率先发明的。我们都知道，秦朝统一全国之后的郡县制对加强重要集权起到了重要的作用。与分封制相比，这种制度更加有利于中央统治和国家稳定。楚武王推行了郡县制之后，地方贵族家族割据的现象随之减少，政权稳固，国家的综合国力也不断增强，这成为楚国强盛不衰的重要的条件。

《左传》中记录了当时郑国和蔡国会面商讨对付楚国的事件。实际上，郑国是那一时期十分强盛的国家，蔡国则是位于江淮流域的一个十分具有影响力的国家。在地理位置上，两个国家都距离楚国很远。为什么这两个国家要举行会议商讨对付楚国的方法？这足以看出当时楚国发展的强劲势头。

但是，对野心勃勃的楚武王来说，仅仅让楚国强盛到成为一方霸主还不够，他想要的是能够振臂一呼就能让众诸侯回应的地位。经过考虑，他决定出兵攻打随国。随国是一个姬姓诸侯国，位于湖北地区，楚国东北地带。姬姓诸侯国对周王室都是具有一定影响力的，打败这些诸侯国可以迅速提升自己的地位，楚武王自然很清楚这一点。

公元前 706 年，楚武王统领大军趁随国内混乱之际攻入随国。熊通发动此次战争的目的并不是消灭随国，而是迫使这个姬姓诸侯国低头，让其甘愿成为楚国的附属国。熊通是这样计划的：当随国成为楚国的附属国之后，再让随国国君为楚国说话，向周王室索要与之实力相符的封号。

既然并不需要彻底消灭随国，那么兴师动众地讨伐与对战也就不算是明智之举。因此熊通决定和谈，派人劝说随侯。熊通做事一向态度强硬，他派出了熊章会见随国代表，随侯虽然并不情愿但也没有实力直接拒绝楚武王的要求，只得同意和谈。和谈过程中，楚国借口辅佐周王室要求随国劝说周天子赐予楚国封号。虽说是和谈，但实际上随国处于被胁迫的境地。楚国大军兵临城下，随侯如果想要继续生存就必须接受楚国提出的任何要求。最后，随侯没有办法才应允亲自前往周天子处为楚国周旋封号之事。

之后，随侯向周王室禀报了楚武王的行为。周王室内部对楚武王出兵随国的目的都心知肚明，自然群起反对为楚国加封一事。他们担心楚国在尝到甜头之后继续大肆扩张，这会为其他诸侯国甚至周王室带来威胁。

随侯在回国之后向楚国报告了周王室的答复，楚武王一看目的没有达到，随即发起火来，并决定不再受制于中央政权。公元前 704 年，没有得到周王室加封的熊通自立为王，成为第一个敢自称为王的诸侯。

毋庸置疑，熊通自立为王的举动震惊了朝野上下和各个诸侯国。强硬的熊通为了提高楚国的声势和地位还安排了一次诸侯会盟，不过他没想到有包括随国在内的几个国家没有出席。楚武王认为，这些国家根本就是看不起楚国。

会盟之后，随国再一次成了楚国的征讨对象。这一次，楚武王在派人到随国问罪之后直接将随军打得落花流水。之后，熊通的谋士建议他不要彻底消灭随国，而是要求随国与楚国结盟。楚武王听取了谋士的意见。此后，让随国再也不敢轻举妄动了。

到了公元前701年，平定汉水之东的楚国成了一方霸主，附近的诸侯国都对楚国俯首帖耳。随国作为姬姓诸侯国却对楚国称臣，这引起了周天子的强烈不满。后来随国在周天子的责备下渐渐转变了对楚国的态度，然而这又让楚武王十分愤怒。熊通打算再次兴兵伐随，不想在征战的过程中病发身亡。

局势分析

熊通是一个有才能的君主，在位期间他三次伐随，给周王室的统治带来了不小的打击。虽然熊通对外常常采取强硬的手段，但是楚国内部却被治理得井井有条。在他的治理下，江汉一带百姓的生活稳定、富足，国家经济持续发展。可以说，熊通在政坛活跃的几十年间留下了不少辉煌的功绩。

楚武王熊通死后由楚文王即位，这时候的楚国已经成为南方的霸主，诸侯无不对其畏惧三分，即使后来齐桓公称霸中原也丝毫没有撼动楚国的势力和地位。楚国的崛起和历代君王的努力是分不开的，开明的治理让楚国称霸江汉一代，为日后的争霸夯实了基础。

说点局外事

分封制与郡县制

分封制是狭义的封建制度，其基础为古代的宗法制度。西周后期，分封制度不完善的一面显现出来，各个诸侯国都开始拥兵自重。但是，分封制度也有它的好处。第一，周王室通过分封制加强了对地方的管理，有效扩大了可以控制的疆土面积，并在国内建立起了四通八达的交通网，促进了经济的发展，让周朝兴盛起来。之后，周天子确立了共主的地位。第二，分封制的设立促进了中华文明的发展，让黄河地区以及少数民族的人民都接触到了周的文化。

郡县制度出现于春秋战国时期，对于国家集权起到了重要的作用。在郡县制产生之前，实行的按照血缘关系分配权力的分封制。郡县制规定，国君拥有地方领导者的罢免权，世袭制度废除。这样一来，君主的手中就掌握住了军政大权。

从积极的方面来说，郡县制有利于社会的安定团结。因此，一些大国往往在吞并的土地上实行郡县制。刚刚吞并的地区社会不安定，如果由君主直接领导必定能够有效控制住这些边陲地区的发展。从春秋中期开始郡县制得到了推广，一些国家在内地也开始设置郡县回收权力。

郡县制废除了贵族世袭的特权，否定了一直以来实行的分封制。郡县的掌权者分别被称为"守"和"令"，这使得诸侯国的政治体系得到了完善，对地主阶级的兴起起到了一定程度的推动作用。对于周来说，这种垂直的管理形式打破了以前地方割据势力林立的状态，解除了地方对中央的威胁。

郑国内乱

郑庄公时期，郑国强盛一时，但是郑庄公一死，郑国内部就陷入了十分混乱的局面，他的几个儿子为了争夺权力，不惜自相残杀。郑国内乱时期，郑厉公曾两次登基，成为春秋时期一位经历较为坎坷的君主。

郑厉公，姬姓，是郑庄公的第二个儿子（公子突），郑昭公的弟弟，母亲是宋国人。郑厉公分别于公元前 701 年和公元前 680 年两次继位，即春秋时期郑国的第五任和第九任国君。原本郑庄公死后是由郑昭公即位，但是公子突却在宋庄公的帮助下夺取了王位，史称郑厉公。不过，由于祭仲从中阻挠，很快郑厉公就因为事情败露而被迫流亡他乡。17 年后，郑厉公再一次掌握了国家大权。

　　年轻时的郑庄公叱咤风云，是一位了不起的人物。但是随着年纪不断增大，郑庄公也不得不开始考虑郑国的将来，为自己谋划身后事。郑庄公辛苦打下了郑国的基业，自然希望国家能够在将来长治久安。但事实证明，虽然郑庄公有着争霸天下的胆识，却无处理身后事的才能。正是因为郑庄公没有安排好后继之事，才让郑国的强盛如流星划过，昙花一现。

　　郑庄公一生有四个儿子，分别是公子忽、公子突、公子亹和公子仪。由于郑庄公没有处理好继承者问题，四个儿子在争权的过程中都登上过王位。为了达到自己的目的，几位公子不惜借助其他国家的力量，这让郑国的内政外交陷入了混乱的局面，当初的霸主地位也已不再。

　　郑庄公手下的祭仲是个十分有头脑的政治家，深谋远虑，深受郑庄公信赖，在选择继承者的问题上郑庄公也询问了他的意见。实际上，虽然长子公子忽是王后之子，但是郑庄公最喜欢次子公子突，想要选择他作为继承人。从郑庄公的角度来看，次子公子突不仅有治理国家的才智，而且性格坚强，适合做一国君主。

　　不过，祭仲与郑庄公的想法不同，他认为君主不应该废嫡立庶。另外，公子忽也具有一定的才能：公子忽曾率军与齐国联合抗击北狄，受到齐国的君主的赞赏。齐国君主甚至想要把自己的女儿嫁给他，但是公子忽最后拒绝了。祭仲分析，公子忽的弱点就是过于仁厚，缺少政治头脑和手腕的人很难在激烈残酷的政治斗争中立足，这让他十分担心。

　　可以说，祭仲确实是一个心思缜密的老练的政治家，在郑庄公在位时就看出了郑国内部的乱象之兆。

　　为了维持国家稳定，祭仲给郑庄公出了一个比较保险的主意：把次子公子突送到宋国。这样，公子忽即位之后就可以免除一场不必要的兄弟之争。郑庄公听取了祭仲的建议，又任命他为托孤大臣。在公子忽掌管国家的时候，公子突被遣送到了宋国。

　　这一切看起来风平浪静，但是其中却隐藏着极大的隐患。公子突是一个有野心的人，他不甘心就这样被送到宋国，草草地结束一生，于是他请求宋庄公帮助他夺取郑国的大权。由于公子突的母亲是宋国雍氏之女，其雍氏家族在宋国很有影响力，也深受当时的君主宋庄公的爱护，所以宋庄公就答应了公子突的请求。公子突抓住了宋庄公贪财的弱点，约定一旦夺得王位必定重谢与他。

祭仲并不知道公子突的叛乱计划，只是忠心耿耿地辅佐郑昭公。一次，祭仲出访宋国，没有想到遭遇了绑架。宋庄公要求郑国立公子突为国君，面对宋庄公的淫威，祭仲并没有轻易妥协，但是宋庄公后来威胁他如果不合作就取其首级，祭仲不得不与公子突等人达成了协议。

为了彻底控制祭仲，宋庄公还把祭仲的女儿嫁给了雍氏子弟。祭仲回国之后称病不上朝，并在诸位大臣来看望他的时候将宋庄公和公子突的计划告诉了众人。这时候，与公子忽早有结怨的朝中大夫高渠弥高声表示要拥立公子突即位，并借机威胁其他大臣。公子忽听说以祭仲为首的大臣要拥立公子突之后，便出逃他国。就这样，公子忽即位，史称郑厉公。

让郑厉公为不满的是，即使他登上了王位，朝中的大权还是掌握在郑厉公祭仲的手中。郑厉公愤愤不平，为了夺得朝中实权，他决定联合雍氏密谋除掉祭仲这个眼中钉。郑厉公没想到他们合谋的事情很快就败露了，这下反而被祭仲抓到了把柄。无奈之下，郑厉公选择出逃。

事情告一段落，祭仲到卫国将之前出逃的公子忽接回了郑国，公子忽再次做了郑国国君。对于之前叛乱的人，郑昭公公子忽选择了既往不咎，再一次体现出了他的宅心仁厚。只可惜，政坛险恶，郑昭公的妇人之仁最终害死了自己。高渠弥早与郑昭公交恶，所以在郑昭公再次归国后一直担心郑昭公会对自己加以报复，最终，惴惴不安的高渠弥刺杀了郑昭公。

郑昭公被杀之后，公子亹被立为新君。公元前694年，当时的齐国君主齐襄公举行盟会。然而，公子亹准备带着祭仲和高渠弥一同前往魏国参加会盟，不过，祭仲考虑到公子亹年轻时候曾经与齐襄公产生过矛盾，就奉劝公子亹不要前往，但是公子亹没有听从他的建议。

公子亹认为齐襄公顶多羞辱他一番，是祭仲考虑得太过严重，而祭仲担心被杀就称病没有和公子亹等人一起去卫国。没有想到，事情竟然被祭仲猜中了。由于公子亹在与齐襄公会面时没有就曾经的事情道歉，齐襄公一怒之下设计杀了他。公子亹死后，祭仲又迎立郑庄公四子公子仪为君。

公子仪在位十几年间，郑国相安无事，公子突却在栎地掀起了腥风血雨。公子突发动政变鼓动百姓杀死了栎邑大夫，控制了栎地，之后他着手巩固边防，等待着回国夺权的机会。公元前 682 年，让公子突畏惧三分的祭仲因病离世。公子突一看机会终于来了，就串通郑国大夫杀死了在位的公子仪，之后再次登上王座。

时值齐桓公称霸，郑厉公（公子突）帮助周王室平定了几次动乱，周天子将部分土地赐给了郑国。

局势分析

世人对郑庄公评价颇高，认为他的政治智慧十分值得现代人研究和借鉴。首先，郑庄公在设定政治和战略目标的时候表现得十分理智，从不感情用事。再者，他懂得把握事情的分寸，知道什么时候该进，什么时候又该退。遇事沉着冷静，做事果断，这是郑庄公给现代人的战略启示。

但是，郑庄公并不是完人，他也有弱点和失误。史学家认为，郑庄公一生犯了两个比较重大的错误：一是重用了高渠弥；二是没有妥善安排公子忽。

公元前 695 年，郑庄公打算重用高渠弥却遭到公子忽的反对，当时的公子忽已经身居太子之位，但是郑庄公并没有听取他的意见执意加封了高渠弥，这就让公子忽和高渠弥之间产生了矛盾。公子忽即位之后，高渠弥惶惶不可终日，最终趁着郑昭公外出游猎的时候刺杀了他，之后拥立公子亹。

郑庄公死前没有妥善安排心地仁厚的太子，导致他去世后郑国立刻陷入了权力之争的漩涡，严重影响了郑国的发展。因此，郑庄公死后，郑国开始由盛转衰。

说点局外事

文 姜

文姜是我国历史上著名的美女。文姜并不是她的名字，在周朝之前，只

有妇人才会被唤姓氏，贵族的男子都只称氏与名。齐国的国姓为姜，文则指的是才华，文姜即才华横溢的女子。

文姜是齐僖公的女儿，另外她还有个姐姐叫宣姜。一般来说，人们了解的都是文姜的风流史和曲折的婚姻。公元前709年，文姜嫁到了鲁国。在出嫁鲁国之前，文姜就与他的兄弟齐襄公有染。在成为鲁桓公的夫人之后，她为鲁桓公生下了两个孩子，分别为太子同和公子友。后来，她在跟随鲁桓公回到齐国的时候又与齐襄公联系。

宣姜和文姜是春秋时期两个很有名的美女，让各国的贵族都十分着迷。为了获得这两位美人，各国诸侯和公子们纷纷表示愿意与齐国交好。在这些贵族中，郑国的公子忽得到了赏识，于是齐僖公就想要把女儿嫁给他。没有想到，公子忽以"齐大非偶"为由拒绝了齐僖公的好意。公子忽认为齐国是个大国，并不是他的配偶。戎人入侵齐国的时候，郑国接到了齐国的求援，于是公子忽带领郑军赶走了敌人。之后，齐僖公再次提起联姻的事情，却又遭到了拒绝。

鲁桓公死后，齐文姜定居齐国，并在齐国指挥鲁庄公，同时也没有断了与齐襄公的联系，展现出了她在政治上非凡的才华。因此，世人对于文姜的评价是毁誉参半的。

卫国惨剧

在周王室遭受浩劫的时候，不少诸侯国选择了自保。公元前771年，镐京被攻陷，周幽王死于骊山下，周王室陷入一片混乱之中。不过，也有一些诸侯国出于各自的目的扛起了保卫周王室的大旗。

当时的卫国祖先就身处于保护周王室的势力之中，出兵帮助周王室平定了戎敌。危机解除之后，卫国的先祖由于保护周王室有功而被赐了官位和封地。

卫国国运持续了八百多年，是春秋战国时期存在时间最长的国家之一，但是在历史上留名的事件并不多。很多人误以为卫国是一个弱小的国家，实际上，早期的卫国并不贫弱，相反，早期的卫国在诸侯国之间拥有很好的风评，各方面的发展都很好。但是为什么卫国始终没有成为一方强国甚至是霸主呢？原因就在于卫国内部常年纷乱。

一个国家如果内乱不断，全国上下离心离德，自然无法真正强大起来。在战乱不断的春秋时代，一个国家只有内部统一富强才能保护其地位和人民不受侵害。然而，卫国王室的政权更替却十分频繁，朝廷和人民甚至连喘息的机会都得不到，更别提发展国力、扩张势力了。

州吁动乱平息之后，卫国的政权并没有恢复稳定，而是更加动荡不安起来。可以说，州吁弑君之后，卫国一直没有出现才能过人的君主，因此卫国的政权更迭成了常态。州吁残暴不得人心，登基没有多久就被老臣联合别国势力将其杀死，之后卫国另立卫宣公为君主。

卫宣公是个贪图美色之人，在登基之前就与父亲的侍妾产生了不伦的关系。

卫宣公即位之后，将与其私通的夷姜封为夫人，两人生的儿子被立为太子，即太子伋。后来，卫宣公又看上了宣姜。宣姜原本是作为太子伋的太子妃被挑选出来的，只因为貌美，卫宣公就在宣姜还未出嫁的时候将她纳入后宫，而且生了两个儿子——寿和朔。

太子伋宅心仁厚，但是卫宣公十分厌恶他，而且害怕他因为宣姜的事情心生怨恨，所以总想找机会除掉太子伋。公子寿与太子伋有相似之处，两人的性情都很温和，关系十分融洽。但是公子朔与两位兄弟相反，他天生狠毒阴险，向卫宣公进谗言，并时时刻刻想要杀了公子寿与太子伋之后篡权夺位。为此，他还特意在暗中养了不少打手，扩张势力。卫宣公喜爱公子寿，厌恶太子伋，却一直找不到理由杀死他。直到后来，齐国联合卫国出兵攻打纪国，卫宣公和公子朔认为这是一个杀死太子的好机会，就计划派太子伋率兵出征，然后再命人将他杀死在出征的路上。

二人没有想到，他们的计划在实施之前就被公子寿知晓。公子寿不希望看到手足相残，就告诉太子伋不要遵照命令出征送死。但是太子伋摇摇头，他认为作为儿子不能违背父亲卫宣公的命令。看到太子伋如此仁孝，公子寿十分感动，认为太子伋将来一定会是一个好君主，于是暗暗下定决心要代替太子伋去赴死。

公子寿过于温厚，为了兄弟和国家的前途甘愿赴死，但是他并没有将这个想法告诉太子伋。太子伋临行前，公子寿以送行的名义摆下宴席，并在宴

席上将太子伋灌醉了。然后，他留下书信并登上了为太子伋准备的船。卫宣公和公子朔的手下并不知道船上的人并非太子，就按照原本的计划将公子寿杀死，并斩下头颅复命。

公子寿在登船之前托人将书信带给了太子伋，所以太子伋在酒醒之后就看到书信。得知公子寿代替他赴死的消息，太子伋悲痛欲绝，随即上船追赶，但是为时已晚。太子伋在追赶的路上遇到了错杀了公子寿的人，就对他们表明了身份，说："你们杀错人了！"这些人一看太子伋自报了家门，就将他也杀死了。

卫宣公也没有想到，这条狠毒的计划一下子夺取了他两个儿子的性命。原本公子寿就深得卫宣公喜爱，太子伋虽然不讨喜但也是他的亲生儿子。两位公子死后，卫宣公整日郁郁寡欢，并且经常做梦梦到二人哭泣。没过多久，他就由于过度忧郁而身亡了。

卫宣公和卫国两位公子的去世成全了公子朔的野心，公子朔随即登基，史称卫惠公。卫国的动乱并没有就此结束，卫惠公生性残忍，连其兄弟都惨遭毒手。另外，他也没有治理国家的才能，因此上至朝廷大员下到黎民百姓都不愿意相信他。后来，卫国不服管理的左右公子作乱罢黜了卫惠公，并另立太子伋的弟弟为新君。

局势分析

原本实力不凡的卫国在州吁弑君开始就陷入了混乱之中，朝政得不到治理，百姓的生活状况也无人问津。

卫惠公并无治国才能而且品行堪忧，但是后来，他在齐国的帮助下又再次坐上了君主的宝座。上台之后，他大肆报复曾经的作乱者，并且派兵攻打周王室。但是周王室实力非常弱，周惠王在卫惠公的攻击下不得不出逃他处，卫惠公另立了周天子。

中国有句古话："打仗亲兄弟，上阵父子兵。"自古以来，家人团结一心才能顺利渡过难关，然而这对于王室来说却很难。为了争夺权力，多少父子、兄弟反目成仇。卫国也没有逃过这一劫难，在王室内部的争斗中，国家逐渐沦为了无足轻重的小国，甚至内政也受到了其他大国的干预。

说点局外事

《新台》

新台有泚，河水弥弥。

燕婉之求，蘧篨不鲜。

新台有洒，河水浼浼。

燕婉之求，蘧篨不殄。

鱼网之设，鸿则离之。

燕婉之求，得此戚施。

《新台》一诗出自《诗经》，讽刺了卫宣公霸占儿媳妇的这一丑闻。卫宣公为了抢占儿子的妻子而请人在淇河建立了一座极其奢华的高台，取名为新台，之后就将儿媳留在了高台之中。后来，世人常用"新台"一词以喻不正当的翁媳关系。

《新台》一诗中，作者将卫宣公比作戚施（即蟾蜍）；又描写了新台的美景和如花的女字，以讽刺卫宣公的丑陋。《新台》很好地体现出了当时人们对于卫宣公此举的愤懑和嘲笑。

第二章　齐鲁交恶

　　齐国经历过了内乱之后，最终由公子小白取得了君位，公子小白就是我国历史上著名的春秋五霸之首——齐桓公。在管仲的辅佐下，齐国的国力蒸蒸日上。作为东部的诸侯国，齐国和鲁国之间的关系一直算不上和睦。在公子小白与公子纠斗争期间，鲁国受到齐国的胁迫压制。因此，在公子纠被杀、管仲被带回齐国之后，齐国与鲁国的关系空前紧张起来。虽然鲁国在长勺一战中以微弱的优势取胜，但是此时齐国的崛起已经势不可挡。

齐桓公得国

　　齐国位于中国东北部地区，周武王时期，姜太公被封于齐，之后姜太公在这里建立起了齐国。齐国地域广阔，相对其他诸侯国来说政局一直很稳定，即使经历了多次政权更替也保持着太平的社会局势，但是这种相对安定的状态被齐襄公打破。齐襄公是中国历史上著名的无能君主，荒淫无度。齐襄公即位之后，齐国社会和政权逐渐动荡混乱。齐襄公被杀后，公孙无知被立为君主。之后公孙无知也被杀，公子小白经过斗争取得了君位，他就是历史上著名的春秋五霸之一齐桓公。

　　公元前730年，齐僖公即位。当时，齐国的国力并不十分强大，所幸齐僖公是一个很有手腕的政治家，很擅长处理外交事宜。通过他的努力，齐国在诸侯国之间逐渐有了名望。没过多久，齐僖公已经可以召集诸侯国参加会盟以解决各种矛盾和问题，齐国慢慢获得了很高的地位。

　　公元前698年，齐僖公离世，昏君齐襄公即位。齐襄公丝毫没有继承齐国君主一贯的作风，他设计害死了妹夫鲁桓公，与妹妹文姜私通，在朝中不听良言，任用奸臣，还为了树立自己的威信而数度起兵伐外，让朝内朝外敢怒而不敢言。

齐僖公生前很喜欢公孙无知，所以齐襄公对他充满了敌意。上台之后，齐襄公就剥夺了公孙无知的权力。齐襄公的两个兄弟纠和小白一看他处处作恶，十分害怕哪一天遭到灭顶之灾，于是都逃出了齐国。公子小白身边的鲍叔牙独具慧眼，他对公子小白说："现在国内局势变幻无常，应该躲一躲可能发生的乱象来日再从长计议。"公子小白听了鲍叔牙的建议，逃到了莒国，而管仲则协助公子纠逃往了鲁国。

公孙无知被剥夺了权力之后心生怨恨，面对齐襄公的胡作非为，他和连称等人暗中策划刺杀齐襄公。

当时，齐襄公派管至父和连称驻守边疆，二人为了国家安危并没有推辞，而且齐襄公答应第二年便可召二人回朝。但是，齐襄公并不是一个讲信用的人，他无视朝政，整天和妹妹寻欢作乐，早就把之前的约定扔在了脑后。

连称和管至父一看到了约定时召令还没有到来，就派人暗示齐襄公。没想到齐襄公竟然随便应付了一句："明年瓜熟再说。"便不再理会二人了。二人为此心生不满，愤恨之余写信给公孙无知表明希望联手除掉齐襄公的意图。接到来信，一直以来郁郁寡欢的公孙无知大喜过望，立刻答应下来。

公元前686年冬天，连称和管至父趁着齐襄公外出打猎的机会率兵刺杀他。由于齐襄公在被遇刺之前脚部已经受伤，连称等人很快就找到并杀死了他。齐襄公死后，公孙无知坐上君王宝座，连称和管至父因拥立有功而身居高位。不过，他们没有想到，公孙无知才成为君主没几天也被人刺杀身亡了。

一个国家不能没有君主，因此身为齐襄公兄弟的两人就成了待立之君。这时候的公子小白和公子纠都在国外生活，发现国内局势的变化之后就开始准备回国事宜。

公子纠比公子小白年长，按照礼制君位应该由他继承，但是公子小白也存有野心，况且一旦失败就只能落得个后半生浪迹天下的下场，他因此决心与公子纠一争高下。管仲是公子纠的老师，他知道如果让距离齐国比较近的公子小白先一步回国就会丧失良机，于是带领一支队伍快马加鞭追赶，并在公子小白的必经之路上设伏准备击杀他。

公子小白和鲍叔牙快马加鞭，一刻也不敢耽误，直奔齐国，打算先一步回国，然后组织齐国的势力来对付公子纠，而管仲带领人马紧追了几十里才终于赶上他们。见到公子小白的管仲上前与他搭话，公子小白知道管仲未存好意也没有反驳，这时候鲍叔牙显得很生气，毫不客气地德驱赶管仲等人。

管仲一看对方手下的士兵一个个气势惊人，知道硬碰硬得不到任何好处，就故意做出离开的样子。而后，趁着公子小白的手下没有防备，管仲冷不防就给了公子小白一箭，射中了小白的心口。莒国的兵士和鲍叔牙都没有想到管仲会放冷箭，只听公子小白惨叫一声就口吐鲜血倒地。

所有人都被这一幕惊呆了，管仲等人则趁机迅速逃走，他听到身后哭声一片，心中十分高兴。鲍叔牙看到公子小白倒下以为他被杀死，就不顾一切地扑了上去，却惊奇地发现公子小白只是诈死，公子小白高超的演技不仅骗过了管仲，而且骗过了自己人。鲍叔牙一想，如果管仲等人知道公子小白没死，必定再次派人来刺杀，于是便想出了将计就计的法子，为公子小白安排了一场假丧礼。在外人看来，公子小白已死，再也没有人能和公子纠争君位。实际上，鲍叔牙和公子小白等人仍在日夜赶路奔向齐国。

话分两头，管仲自以为胜券在握，在刺杀了公子小白之后回到了公子纠处向他报告了这个好消息。公子纠一听，顿时喜上眉梢，与众人喝酒庆祝。公子纠等人一想既然公子小白已死，那么也就没有急着赶路的必要了。于是一路上他们与各地州县管理者推杯换盏，一副自在模样。正在高兴之际，他们听说了公子小白已经在齐国即位的消息，一时间陷入了尴尬的境地。

公元前685年，一直在暗中支持公子纠的鲁庄公起兵攻打齐国，意图让公子纠成为齐国君主。管仲建议鲁庄公趁着齐国根基未稳速战速决，但是鲁庄公却拿之前的事情嘲讽管仲，表示不愿再相信管仲的话。鲁庄公安营扎寨的第二天，齐国的军队就杀了过来。鲁军被齐军重重包围，鲁庄公拼死杀出了一条血路才得以回到了鲁国。

齐桓公虽然取得了胜利，但当时公子纠一直是他的心头大患，于是他写信威胁鲁庄公，让他杀掉公子纠，不然就要讨伐鲁国。鲁国在上一战中元气大伤，鲁庄公不得已只得听从齐桓王的要求。公子纠死后，管仲被押往齐国。

齐桓公不计前嫌，接受鲍叔牙的推荐重用了管仲。在两位贤臣的辅佐下，齐桓公最终成就了春秋霸业。

局势分析

齐襄公在位期间，朝内朝外怨声载道，之前几位君主打下的良好根基眼看就要毁于一旦。他昏庸无道，任用奸臣强征赋税，杀戮无度，肆意妄为。不仅如此，他还失信于臣子，让兄弟遭受不公平的待遇，最终闹得众叛亲离的下场。

不过，公孙无度却也不是一个能成大事之人，在即位没几天就惨遭毒手。

公子纠和公子小白每个人身边都有一位得力助手。关于管仲和鲍叔牙，人们经常用"管鲍之交"形容他们之间的情谊。由于公子小白的生母是卫国国君的女儿，在得知齐国国内即将大乱的时候，鲍叔牙首先就想到让公子小白到卫国避难，不过因卫国距离齐国遥远，不利于重整旗鼓。所以之后他带着公子小白进入了莒国，而这时的公子纠也在管仲的帮助下逃到了自己母亲所在的鲁国。

在消灭了公子纠这个心腹之患之后，公子小白不计前嫌重用可管仲。由此可以看出，齐桓公能够登上君位并最后称霸一方，不仅和他的胆识有关，更与他任人唯贤的用人原则有关。

说点局外事

君主狩猎

对于大部分的现代人来说狩猎只是一种娱乐方式，然而在古代，狩猎则是人们为了生存下去不得不掌握的技能之一。后来，狩猎逐渐演变成为一项具有多种性质的活动。对于王室来说，狩猎更是具有特别的意义：君王狩猎成了一种不可或缺的礼仪，成了一种传统，甚至与军事行动密切相关。

在战国以前，君王狩猎是一项十分隆重的活动，因此狩猎活动也不是随随便便就可以开展的，必须讲究礼仪。如果没有处理好相关事宜，就会让其他国家以为是要出兵打仗了，可见狩猎规模的宏大。

史料显示，周天子和诸侯的狩猎活动不能太多，如果没有大事，一年可以举行三次。但是，不举办这项活动也是不可以的，会被当成一种忤逆上天的行为。狩猎所获得的猎物一般会做以下处理：一部分用于祭祀鬼神，另一部分用来招待客人或者当成礼品。

另外，君王在狩猎的时候也必须遵守很多的规矩。比如说，诸侯要先将猎物驱赶至周天子的附近，然后让周天子将猎物杀死；在狩猎完成之后，再按照规矩将旗子放下；为保证生态平衡，狩猎的种类也要受到严格的控制等。这些形式化的规矩实际上体现出了古代人民对秩序和自然环境的重视。

管仲拜相

齐桓公是春秋五霸之首，他之所以能第一个称霸中原，很大程度上取决于身边鲍叔牙和管仲等贤臣的辅佐。鲍叔牙是齐桓公的老师，管仲是鲍叔牙的好友。管仲与齐桓公曾经有过一箭之仇，但是鲍叔牙却在齐桓公即位之后极力推荐管仲为相。

公元前 685 年，齐桓公与管仲冰释前嫌，将管仲封为齐国的宰相。得到齐桓公信任的管仲不负众望，大刀阔斧地实行了一系列的改革措施。在管仲的治理下，齐国的国力迅速增强，在短短的时间内就成了中原强国。

管仲（公元前 723 或前 716～前 645 年）是安徽人，历史上赫赫有名的政治家、改革家。也是周王室穆王的后代，但是家道中落，到了管仲这一辈家中已经十分贫苦了。再加上管仲在年幼的时候就失去了父亲，所以从很小开始就挑起了家庭的重担。管仲与母亲相依为命，为了不给母亲造成负担，管仲四处奔波维持生计。管仲在年轻的时候做过很多种工作，但是上天却好像有意和他过不去一样，让他事事不顺。后来，管仲结识了鲍叔牙并成了其知己好友。两个人曾经合伙做买卖，由管仲管理账目，但是管仲经常会多拿一些东西以维持生计。鲍叔牙很聪明，但是对此表现的很大方，他知道管仲家境不好就默认了这种行为。

经商的时候，管仲走过了很多地方增长了见识，同时让他对现实有了十分深刻的了解。这对他的治国方略起到了很重要的作用。后来，管仲弃商从政，依然是四处碰壁，几次求官都被人以强硬的态度拒绝。从政无门的管仲应征加入了军队，但是却根本不会像一般的士兵那样冲锋陷阵。然而，这并不是因为他胆小，而是他时时刻刻都考虑着身在家中的母亲。如果他不在了，老母亲就要孤苦无依而终了。而且对于管仲来说，献身沙场并不能完成他的志愿。

后来，管仲与鲍叔牙终于有机会进入了政界，二人分别辅佐公子纠和公子小白。虽然最后公子小白赢得了政治斗争的胜利，但是这并不代表管仲的才能不及鲍叔牙。实际上，管仲比鲍叔牙更具有政治头脑，而且做事手腕更加灵活。他懂得趋利避害的特质从鲍叔牙建议公子小白去劝谏齐襄公这件事情上得到了充分的体现。

齐襄公是一个根本不听人劝的君主，朝中大臣都无能为力，所以管仲一听说这件事就告诉鲍叔牙，如果公子小白能够平安归来就带着他尽快逃离是非之地。

为了保全性命，公子纠在听说公子小白即位之后就逃往了鲁国。齐桓公归国成为君主之后，第一件事就是解决公子纠的问题。对齐桓公来说，公子纠不死，后患无穷。他找来鲍叔牙商议对策，鲍叔牙建议他出兵到鲁国边界，给鲁国施压。因为当时的公子纠对鲁国来说也已经没有任何价值，所以鲁国一定会为了避免战事同意齐国的要求。如果借助鲁国国君杀掉公子纠，齐桓公也不必承担罪责。

齐桓公认为鲍叔牙的计划可行，于是就将此事托付给了他。其实，鲍叔牙此行有两个目的：一个是威逼鲁国献出公子纠，另一个目的就是将管仲从鲁国带回齐国。管仲由于曾经在回归齐国的途中袭击过齐桓公，所以就在公子小白即位后随着公子纠一起逃到了鲁国。鲍叔牙深知管仲身怀治国兴邦的能力，因此就以"治罪"的名义要求鲁国将管仲交出来。

鲁庄公身边有一个名叫施伯的大臣，十分聪明。他看出了齐国要回管仲的目的并不在于治罪，而是要管仲为齐国的发展出谋划策。管仲这一治国良臣一旦得到齐桓公重用必定对将来的鲁国造成极大的威胁，于是施伯就建议鲁庄公尽快杀掉这个心腹大患。

但是，这时候的鲁庄公面临着来自齐国的巨大压力。由于鲁国已经无力与齐国作战，鲁庄公只得对齐国的要求言听计从。他在杀掉了公子纠之后，就准备将管仲和召忽押解回国。没想到，召忽性情刚烈，当他得知了公子纠死亡的消息之后便选择了自杀。

相比之下，管仲对公子纠的死却是毫不在意。他说："既然召忽已经为主而死，那么我也就没有必要做死臣了。"之后他就返回了齐国。鲍叔牙为了见管仲在边境地区等了很久，押解管仲的囚车一出现，他立刻命人将管仲释放，并且好生招待了一番。

两人对谈时，鲍叔牙告诉了管仲他的想法，希望管仲能否接任齐国宰相一职。当时管仲却说以他的作为一定会受到天下人的耻笑。鲍叔牙尽力开解管仲，又说胸怀广大的齐桓公必定不计前嫌任人唯贤。几番劝说之下，管仲才终于答应了鲍叔牙的请求。

为了让管仲顺利坐上宰相的位子，鲍叔牙随后又前往齐桓公处"贺喜"。齐桓公很纳闷，就问鲍叔牙喜从何来。鲍叔牙解释说管仲已经回到了齐国，齐桓公将要得到这个千古良相了，这是一大喜事。

实际上，齐桓公一直都希望鲍叔牙能够出任齐国的宰相。鲍叔牙深知齐桓公心中所想，就说："我不过是一介普普通通的大臣，没有帮助君主治国称霸的才能。君主施恩于我让我不至于冻饿而死，我就已经感激涕零了。如果君主心怀大志想要建立霸业，那么我的能力是不足的，您必须任用管仲。"

齐桓公一听到鲍叔牙的话就发起怒来，管仲袭击他的那一幕仍然历历在目，他气冲冲地对鲍叔牙说："当初是我命大才没有被他一箭射死，我怎么能够任用一个仇人？"鲍叔牙劝齐桓公，说一位君主应该要任人唯贤，管仲是有大才之人，君主只有冰释前嫌才能成就霸业。况且当初管仲对公子纠是一片忠心才会发动偷袭，并非本意。

齐桓公一向信任鲍叔牙，而且认为他的话也有几分道理。齐桓公有着称霸中原的野心，当务之急就是拉拢人才为己所用。鲍叔牙多次力荐管仲，足以证明此人确实拥有真才实学，因此齐桓公也犹豫了起来。鲍叔牙见齐桓公冷静了下来，就趁热打铁让齐桓公一定要厚待管仲。

在鲍叔牙的力荐之下，齐桓公终于同意任命管仲为相，并且举行了隆重的欢迎仪式迎接管仲的到来。当天，齐桓公亲自到郊外相迎。见面之后，齐桓公表现出尊敬的样子向管仲请教治国之策。看到一国的君主如此真诚，管仲也十分感动，将胸中见解如实相告。

管仲正式被任命为齐国的宰相之后，就开始尽全力帮助齐桓公开拓霸业。首先，他着手发展国内经济，为争霸奠定物质基础。国内农业、商业和手工业成了发展的重点。农业方面，管仲改革了之前的土地以及赋税制度，激发了农民开展农业生产的积极性。此外，政府鼓励家庭发展副业，让人民不愁吃穿，安居乐业。

再者，在商业方面，管仲大力吸引各地的商贩到齐国经商，并在国内建立起受到保护和管理的市场，让商人们安心经营。为了提高人们的积极性，国家降低了商业税率，这些措施使得齐国呈现出前所未有的繁荣景象。

最后，手工业方面，由于商业的迅速发展，齐国的手工业也随之兴起。由于在古代盐类是非常稀缺的生活必需品，所以管仲尤其重视国内海盐的生产问题。通过贩卖海盐，齐国获得了大量的民用产品和战备物资。

对于齐桓公来说，发展国内经济无非是为了最终的争霸之战，因此，管仲也改革了当时的军事制度。齐国全国被分为二十一个乡，作用分明。又建立了清晰的军民制度，扩充了军备和士兵的人数。

此外，管仲凭借其老练的政治手腕实行灵活多变的外交政策。这是因为在春秋时期，诸国之间关系复杂，混战不断，如果只靠蛮力攻取不仅仅大大降低了争霸成功的概率，而且不能服众。如何树立起齐国的威信是一个亟待解决的问题。管仲通过分析发现，当前虽然周王室的威信和实力都已经衰弱，但是仍然保持了正统的统治地位。齐国如果能够得到周王室的认可，就可提高在诸侯国之中的地位。

自从齐桓公拜管仲为相，齐国就走上了强国之路。

局势分析

管仲刚刚成为齐国的宰相时，就对齐桓公承诺要在三十年之内让齐国成为天下霸主。虽然齐国为了除掉公子纠、要回管仲致使其与鲁国的关系出现裂痕，但自从管仲改革以来，齐国确实发展迅速，国富民强，繁荣昌盛，这让齐桓公十分高兴。当知道了管仲的才能与忠心之后，齐桓公开始对管仲言听计从，朝中大事都要先告知管仲，由此可见齐桓公对管仲的信任程度。

在通过一系列手段提高了军事实力和威信之后，齐国成了周王室的代言人。齐桓公是一个具有进取心的君主，但是他有两个嗜好：打猎和美色。他曾经在私下里问管仲他的这两个嗜好是否会对称霸产生影响，而管仲认为真正会影响君主霸业的不是他的这些嗜好，而是不懂得任用贤才，听取建议。管仲被誉为"华夏文明的保护者"。孔子曾说过，如果没有管仲，人们就要被蛮夷所统治了。

说点局外事

召忽

召忽是齐国人，与管仲一同辅佐过公子纠，并且参加过刺杀公子小白的行动，因此，世人经常将召忽与管仲作比较。公子纠死后，召忽与管仲做出了完全不同的选择：为了表达身为人臣的忠诚，召忽选择自杀，跟随公子纠而去；而管仲则活了下来。一部分人认为召忽十分狡猾，因为他虽然自杀了却也落得一个忠臣的好名声；管仲则承担下了帮助齐国复兴的责任，侍奉二主也难免惹人非议。

召忽很喜欢研究军事政治，虽然从小就有远大的志向，但是一直郁郁不得志。后来，他的才华被公子纠发现，于是被任为老师。史料上记载了不少与召忽有关的事件，体现出了他的经世大略。召忽对公子纠十分忠心，誓死追随。

召忽死后，人们为了纪念他的殉国精神将他自杀的地方以"召忽"命名，并葬于安丘一带。清代曾有学者在召忽墓前设立了墓碑，如今此墓作为重点文物受到保护。关于召忽墓还有其他的说法，在此我们就不一一列举了。

齐鲁长勺之战

同样作为东部的诸侯国，齐国和鲁国之间的关系一直都很紧张。公元前685年，鲁国在乾地为齐桓公所败。鲁庄公对于这一次的失败耿耿于怀，一直都在寻机报复。再加上本来在鲁国做官的管仲也被齐桓公掳走，并拜为宰相，使得齐国的面貌有了很大的改观。这些事情都使鲁庄公觉得颜面尽失，他觉得不仅仅在军事斗争上，甚至在外交上自己都输了三分。因此，鲁庄公一直都在摩拳擦掌，随时准备挽回自己的面子。

这一时期的齐国，齐桓公刚刚登上君位。虽然暂时获得了贵族们的支持，但是离获得民心和民望还有一段距离。为此，齐桓公急于发动一场战争，从而扩大自己的影响，并增强自己的政治威望。由于当时齐国的国力要强大于鲁国，再加上乾时之战中齐军轻易取胜，使得齐桓公认为齐国即使主动出击，也有大获全胜的把握。当时刚刚担任齐国宰相的管仲认为政局才刚刚稳定，不宜对外用兵。但是齐桓公哪里肯听，随后就命鲍叔牙领兵对鲁国发起进攻。

鲁庄公在得知齐军要讨伐鲁国之后，心里很是着急，就忙召集大臣们商议对策。当时的大夫施伯对鲁庄公说道："非常的时刻就需要非常的人才，请允许我向大王推荐一位治国之才。"鲁庄公忙问是谁，施伯就回答说："我推荐的人名叫曹刿，虽然他目前仍是一介平民，但是却有着渊博的学识，是一位不可多得的人才。"随后，施伯就让人前去请曹刿入朝。

曹刿的邻居们听说他要入朝议政，觉得很不可思议，就和他开玩笑道："国政都是大官们操心的，关你什么事呢？"曹刿回答说："那些居高官享厚禄的人，大多目光短浅，根本没有深谋远虑。"于是就随着朝廷的官员去见鲁庄公了。

在朝堂之上，鲁庄公向曹刿讨教治国之策，曹刿向鲁庄公发问道："您凭借什么来打赢这一仗？"鲁庄公回答说："衣食财物之类，我从来都不会独自享受，得到之后必然会和大家分享。"曹刿回答说："这些措施都是小恩小惠，何况并不是每个人都能够得到。仅凭这一点，百姓是不会跟随您的。"

鲁庄公又说道："在祭祀的时候，祭品中的牛羊和玉器，不敢私自减少。每次祭祀，都是非常诚心的。"曹刿回答说："即使这样，一念真诚，也并不

能够感动神灵。"鲁庄公听曹刿这样说，就有点着急，连忙说："鲁国中的公案，即使我不能够进行亲自查完，也一定要在自己的能力范围内找到事实论据，并做到公正。"听到这里，曹刿才点了点头，并且肯定道："这才是一国之君所应当为百姓做的事情。如果大王能够做到这一点，那么百姓必然忠诚于您。这次战争，我愿意参加。"

在听到曹刿的一番高论之后，鲁庄公终于获得了信心，随后开始准备出兵回击齐军。齐鲁双方对阵在鲁国的长勺，由于乾地战役的胜利，所以齐军根本看不起鲁军，鲍叔牙觉得齐军的士气高昂，就有些急于进攻，希望将鲁军一举击溃于长勺。

当齐军大举进攻的时候，鲁庄公也马上要求鲁国军士投入战斗。这时遭到了曹刿的阻拦，曹刿主张采取以静制动的作战方针，于是面对齐国的强烈攻势，鲁国的军士毫无进攻的意向，而是严阵以待。齐军冲不破鲁国的阵仗，就回营休息了。

过了一会儿，齐军开始发动第二次进攻。可是这一次鲁军又是毫无动静，齐军又像第一次一样退了回去。当时齐军的将领鲍叔牙还以为鲁军是在前一次的失败中被打怕了，根本没有出击的勇气了，于是就松懈了下来。当齐军开始发动第三次进攻的时候，曹刿对鲁庄公说道："现在是出击的时候了，请您击鼓，一定能够战胜齐军。"

在强烈的鼓声下，鲁国的将士们将自己的愤怒爆发了出来，疯狂地向齐军的阵营冲去。疲惫的齐军哪里招架得住这么猛烈的进攻？还没有多长时间，就被鲁国的军队冲击得溃不成军，死伤无数，这时的齐军只好逃跑。鲁庄公一看，形势大好，就马上下令让军队对齐国进行追击。这时曹刿让鲁君稍等一下，接着就登上了战车，向齐军逃亡的方向看了看，这才下令道："可以追击了。"于是鲁军乘胜追击，一直把齐军赶出国境几十里。

在战争结束后，曹刿向鲁庄公解释道："之所以在齐军进攻三次之后再出击，是因为打仗在很大程度上依赖士气，第一次击鼓时，往往最有气势，等到第二次、第三次，就基本上没气势了。我们之所以在第三次时出兵，就是为了积蓄我方的士气啊。"鲁庄公问道："那在追击敌人的时候，你登上高处又是在张望什么呢？"曹刿说："我害怕齐军是诈降，不过当我看到他们的车辙凌乱，军旗萎靡，就判定齐军是真的逃跑了，这才下令追击。"

长勺之战是春秋时期一场著名的以少胜多的战役，曹刿也凭着自己的远见卓识而在史书上留下了光辉一笔。他的"肉食者鄙，未能远谋"的看法，闪耀着民主思想的光辉，即使在今天看来，也依然是积极向上的。

局势分析

两国之间的战争，不仅是武器装备的较量，还包括军队士气等因素。打仗也不仅仅依靠蛮力取胜，也包括智谋等因素，历史上很多出名的战役多是由于将领的运筹帷幄，使得军队取得最终的胜利。此外，士兵的主观能动性也是非常重要的。如果将领善于调动士兵的主动性，那么对于整个战争的局势都是非常有帮助的。

在这次长勺之战中，虽然齐国的兵力远远强于鲁国，但是由于曹刿的运筹帷幄，鲁军最终以弱胜强。实际上，鲁军的胜利不仅仅是曹刿的功劳。鲁国军民的上下一心也是一个重要的因素。鲁庄公通过一系列的政治措施，使得鲁国的臣民都愿意为他效力。也就是说，鲁庄公早已赢得了人心。而人心，是战争取胜的重要原因之一。

说点局外事

古代的私家与公室

所谓"私家"，即卿大夫之家，而"公室"则指诸侯的家族集团。随着时代的不断前进，私家成了当时新兴势力的代表。与之相对的，公室则是旧势力的保护者，他们为了维护社会秩序而努力着。

为什么会出现公室与私家争斗的局面？根本原因是什么？春秋时期的生产力得到提高，旧有的土地制度不再适用于社会发展，因此井田制慢慢遭到废弃，私有土地的发展逐渐加快。在这种情况下，卿族、大夫等为了扩张势力采取各种手段争夺土地和劳动力，吞并国家财富。因此从根本上来说，卿族、大夫是潮流的跟随者，是新兴进步势力的代表。

但是新势力的发展严重侵犯了公室的利益，君主利益集团自然要与新势力产生激烈的矛盾。比如，在春秋初期，晋国就曾经杀死了大量的族内公子。另外，鲁国也出现了"三桓强、公室弱"的局面。随着时间的推移，"私肥于公"已经成了十分常见的现象。一般情况下，拥有了财富之后，人们就会想要获得与财富相对应的社会政治地位，因此，古代公室与私家的斗争越来越激烈，刺激着当时社会的变革。

春秋时代是礼乐崩坏的时代，王室与诸侯国之间的争斗十分激烈。诸侯国不顾王室威严，大肆扩张领土，相互倾轧，明争暗斗。与此同时，诸侯国内部的秩序随着时代的发展也遭到了严重破坏。春秋中后期，一些诸侯国内的臣子势力得到了极大的扩张，甚至独立开辟出属于自己的王国，而且这些小国之间也对抗不断，使得政治局势越发混乱，并最终导致了韩、赵、魏三家分晋的结局。

曹沫劫盟

曹沫（生卒年不详）是鲁国人，春秋时期著名的力士。由于鲁庄公对力士有偏爱，所以曹沫就借着自己一身的力量获得了鲁庄公的喜爱，并在朝中任职。在与齐国的对战中，曹沫被鲁庄公封为将军。虽然鲁国军队在战争中屡战屡败，但是曹沫的地位丝毫没有受到影响，当鲁庄公因为畏惧决定与齐国讲和的时候，曹沫仍然担任将军一职。

公元前 681 年，齐桓公借着天子的名字在柯地举行会盟，期间邀请了鲁、宋、陈、蔡、郑、卫国等等诸多国家。齐国与鲁国结盟时，曹沫展现出了非凡的勇气和魄力，不仅维护了鲁国的尊严，还将已经失去的土地又夺了回来。

齐桓公是一个很有实力的野心家，在他登上君位之后便致力于开拓进取，希望有朝一日成为中原的霸主。为此，齐桓公借着"尊王攘夷"的旗号四处征讨其他国家，俨然将自己当作了诸侯的霸主。另外，齐国实力的强劲还要归功于管仲等贤臣的辅佐。齐桓公重用管仲，支持他在齐国内部进行政治、经济、军事等一系列的改革，使得国家出现国富民强的极盛局面。但是齐国强盛后就开始恃强凌弱，鲁庄公对此毫无办法，只得默默屈服。

齐桓公深知，要想成为真正意义上的霸主就必须得到其他国家的认可。因此，为了进一步扩大自己在诸侯之中的影响力和号召力，齐桓公准备组织一次大型会盟，并在会盟时借助周天子的威严巩固齐国的地位。

让齐桓公感到气愤的是，诸侯并没有对此事抱持足够的重视，即使他以周天子的名义召集诸国，楚、秦、鲁、宋等一些大国也根本没有出席会盟的意思。另外一些小国，如陈国和蔡国，迫于齐桓公的施压才不得不回应了征召。面对这种情况，齐桓公就想发动一场战争。但是，秦国和楚国距离齐国都比较远，齐桓公想要树立威望，最好的选择就是拿邻近的鲁国开刀。

鲁国实力不及齐国，鲁庄公一看曾经反抗齐桓公的国家——被消灭，自己无疑已经成了板上鱼肉不得不任人宰割。无奈之下，鲁庄公为了避免战争选择求和臣服，并提出割让一部分土地给齐国。鲁庄公的屈服让齐桓公十分满意，于是再次派人征召各国君主准备会盟。

事实证明，此事起到了杀鸡儆猴的作用，鲁庄公臣服后，齐桓公称霸中原的进程向前跨出了一大步。

柯地会盟得到了齐桓公足够的重视，他早早地派人做好了准备工作。相反，鲁庄公则是悲愤交加，他一想到这次出行的目的是讨好齐桓公心中就不是滋味。临行前，他问手下的大臣是否有人愿意同行，没想到朝中文武竟然没有一个人站出来。这时，将军曹沫上前一步表示愿意跟随鲁庄公。鲁庄公见有人自告奋勇心中自然欢喜，但是同时他心中仍有疑虑。曹沫在与齐国的对战中三战三败，鲁庄公认为他的出现在会场定会遭人耻笑。然而，曹沫却满怀自信，他告诉鲁庄公这次会盟可以让鲁国一雪前耻。

鲁庄公知道参加柯地会盟就相当于再一次吃了败仗，但是既然曹沫以性命担保，他也就没什么可说的了，于是君臣二人一同前往约定之地。达到会场时，只见齐桓公和管仲正襟危坐，两旁的将士们也是气宇轩昂，一副威严的气势。曹沫表现出了一个大国将领的气势，提着武器跟在鲁庄公身后。还未走上会坛，曹沫就被齐国的一名大臣挡住了去路。这位大臣声称只能允许鲁庄公一人走上会坛，不过曹沫根本不听这一套，虎目圆睁。齐国的大臣被他的气势吓到再也不敢多说一句话。

曹沫一路跟着鲁庄公到达会盟坛顶，之后谈判开始。会谈进行得比较顺利，曹沫在两国君主歃血为盟之前并没有轻举妄动。就在双方即将达成同盟的那一刻，曹沫突然间冲到了会场中间抓住了齐桓公，并且用剑指着他。说时迟那时快，当时所有人都没反应过来发生了什么，只有管仲手疾眼快，迅速跑到了齐桓公身边用自己的身体护住了他。

僵持了一会儿，管仲张口询问曹沫的意图。曹沫毫不畏惧，他大义凛然地驳斥了这次会盟的不公，要求齐桓公给鲁国一个"公道"。原本以为胜券在握的齐桓公根本没想到性命会受到威胁，于是他在管仲身后问道："那将军认为应该怎么办？"曹沫回答："齐国应该归还我国的土地。如果不答应我就以血肉之躯相抵！"

齐桓公一看曹沫拼命的架势也不敢轻举妄动了，好汉不吃眼前亏，他赶忙答应了曹沫的要求将鲁国割让的土地归还，并保证绝不反悔。听到这话曹沫才收起武器，再次回到原位等待双方签订盟约。

在齐桓公受到威胁的情况下，双方签订的盟约必定是对鲁国有益的。曹沫劫盟让鲁庄公拿到了主导权，而齐桓公原本的如意算盘被打破。鲁庄公带着曹沫归国之后，齐国朝中上下一片愤慨。齐桓公想要毁约，却遭到了管仲的阻拦。管仲劝齐桓公忍一时损失，不可失信于天下诸侯。

最后齐桓公听取了管仲的意见，依照约定将土地归还给了鲁国。诸侯国一看齐桓公如此深明大义，认定他是个守信之人便纷纷与齐国结盟。齐桓公放弃了蝇头小利，却得到了诸侯的信任，提升了自己的威望。

局势分析

有人认为，曹沫虽然在会盟中为鲁国扳回一局，但是从长远的角度来看，这次行动反而对齐国有利。在与齐国的对战中，曹沫连败三场，虽然会盟之后鲁国收回了土地，一雪前耻，但是鲁国并不能因此强大起来。

国家的强盛并不取决于将士一两次的果断行动，依靠武力补救也只是暂时的。如果想要国家强大起来，不再任人宰割，就应该在内政和外交上多下功夫，制定有利于国家长远发展的政策。

不过，曹沫在此次会盟中颇具胆识的行为还是值得人们赞扬的。

说点局外事

会　盟

会盟指的是古代诸侯之间为了共同的利益而进行面谈以及结盟的仪式。举办会盟的原因有很多种，比如，实力弱小的国家请求与大国联合抵御侵略；实力强大的国家为了扩张势力胁迫弱国加入同盟等。春秋时期，一些诸侯国之间经常会举行会盟。葵丘会盟、践土会盟、徐州会盟、秦赵会盟、黄池会盟等都是我国历史上著名的会盟。

周王室为了维护自己的利益而分封了各路诸侯，没有想到反而为诸侯的争斗和周王室的衰弱埋下了隐患。俗话说："国家之间没有永远的朋友，也没有永远的敌人，只有永远的利益。"诸侯之间混战不断、分分合合，因此这一时期的会盟次数也很多。

诸侯会盟会挑选不同的地点，其中会盟次数最多的当属戚城。戚城又被称为孔悝城，整座城池呈现长方形，是春秋时期卫国的一座重要城邑。孔悝是卫灵公的外孙，据说戚城就是孔悝的采邑。戚城的城墙长度约为1.5公里，现存的城墙只有三面。公元前629年，卫国迁都帝丘，由于戚城处于重要的战略位置上，所以遭到诸侯国的轮番抢夺。

具体来说，戚城是卫国都城帝丘北面的一座重要的防守屏障，同时是通往东方的战略要地。在诸侯国的争斗之下，这座城池饱经风霜，有时候归附于晋国，有时候回归卫国。

在戚城东侧不远处有一座古代会盟遗址，根据《春秋》和《左传》等史料的记载，曾经有很多国家在这里举行过会盟仪式。

第三章　晋国崛起与齐国称霸

公元前 678 年，持续了几十年的晋国内乱结束，在得到了周天子的承认之后晋国终于统一起来。经过一段时间的发展，晋国实力增强。晋献公仅凭着美玉和良马就拿下了虞国和虢国，为晋国的崛起清扫了障碍。在晋国崛起的同时，齐国在称霸的路上顺风顺水。虽然齐桓公在鲁国扶植鲁闵公的计划以失败告终，但是并没有影响大局。

与此同时，动荡的政治形势使得卫国的国力受损，卫懿公终究因为玩物丧志而亡国。在齐国的帮助下，卫国公子使卫国的国力得到了复兴。葵丘之会后，齐桓公的霸业到达了顶峰，一匡天下。在西方，秦国正在默默积攒实力。秦穆公上台之后，曾经作为边陲小国的秦国开始发展起来，逐渐成为晋国日后的劲敌。

曲沃篡晋

晋穆侯是周室后代，也是晋国的第九任统治者。在公元前 809 年的时候，他娶了齐国的女子姜氏为夫人。四年之后，条戎族进犯晋国，晋穆侯大为恼怒，就率领晋军兴师讨伐条戎，但是这次战争不仅没有取得胜利，而且让国家受到了很大的损失，这让晋穆侯深感作为中原大国居然还败在蛮人的手中是一件十分羞耻的事情。正好这时候齐国的夫人姜氏给他生了第一个儿子。可是晋穆侯还完全没有从对条戎战争的失败中解脱出来，在给儿子取名字的时候，显然心情也不大好，就直接给孩子取了个"仇"的名字，以示不忘条戎之仇，并且随后将其立为太子。

三年之后，晋国又和北戎开战，晋穆侯在千亩大败北戎，一雪前耻。这段时间里，齐国的姜氏夫人又给晋穆侯生下了第二个儿子，晋穆侯双喜临门，非常得意，就将自己的儿子取名为"成师"。

仇长大之后，成了晋国的储君，而成师则被分封在曲沃。曲沃是晋国的军事要地，而且是相当富庶的地方。在晋穆侯将成师分封在那里的时候，就曾经遭到师服的反对，因为将旁支子孙分封在曲沃有违祖制，但是晋穆侯还是不以为意。

公元前785年，晋穆侯去世，晋穆侯的弟弟殇叔发起了战乱，夺走了晋侯的王位，太子仇为了躲避灾难而逃亡外国。殇叔登基四年之后，太子仇带领自己的亲信返回晋国，将殇叔杀死，自己当王，史称晋文侯。

晋文侯去世后，他的儿子接替了他的君位，也就是晋昭侯。晋昭侯继位没多久，便把自己的叔叔成师派遣去了曲沃，并称之为桓叔。那个时候，成师已经58岁了。成师才智双全，深得百姓的爱戴，任用贤才栾宾为相，帮助自己治理曲沃，晋国的百姓都觉得他是一个好的管理者。而晋昭侯治理国家大事的能力却一般，并没有获得叔父桓叔那样的威望。

当时一些远见之人说道："如果晋国以后发生了动乱，那么动乱的源头就一定发生在曲沃。当今的曲沃和晋国的关系，就好像是一棵树，其旁枝比主干还粗壮，再加上桓叔在百姓当中的威望，他怎么可能不会发动兵乱呢?"

当桓叔在曲沃进行政治改革，并且大肆收买人心的时候，有人就建议晋昭侯对这位文治武功的叔叔多加提防，但是晋昭侯对此不以为意。其实，有些人早就已经预料到了结果。几年过后，晋国大臣潘父杀死晋昭侯，然后又派人将桓叔从曲沃接到晋国做了国君。晋国的百姓无法接受晋国国君被杀的事实，亦不承认桓叔君王的地位。

于是，一些人埋伏在桓叔进宫的路上，伺机进行报复。就这样，桓叔被晋军打败退兵曲沃。之后，晋国的百姓拥立晋昭侯的儿子公子平继承王位，他就是晋孝侯。但是，这时候的晋国，已经相当于两个政权并立，实际上已经把晋国分成了两部分。

公元前731年，曲沃桓叔去世，他的儿子庄伯鳝即位，庄伯鳝去世之后，他的儿子继位，又被后世称为曲沃武公。这父子二人常年对晋国的王室进行

进攻，晋国的五任君主都死在他们手下，此外还流放了一个君主。公元前 678 年，经过常年的征战，曲沃武公终于将晋王室的残余势力全部消灭，并且得到了周天子的承认，晋国终于得以统一，这场长达六十余年的晋国内乱才最终结束。

局势分析

自然界的一切都存在着法度。天地有天地之法，万物有万物之时。在做事情的时候，一定要慎重，不能够想到哪里是哪里。世界上的万事万物看似不经意，实际上都存在着一定的联系。

师服作为晋国的大夫，是一个非常有政治眼光的人。他首先发现了晋穆侯弟弟的图谋不轨，其次又准确地预测了曲沃的成师要叛乱。由此可见，他是一个非常出色的谋略家，但是晋穆侯却是一个非常意气用事的人，又不肯接受师服的建议，这导致了之后晋国的灾难和战乱，出现了骨肉相残的局面。实际上君主之位，有万丈光芒笼罩，也有万千尖刀相对。人们用"高处不胜寒"来形容这一位置的寂寞和危险，只有聪明的人才知道这个位置的无奈之处。因此，我们也不能光看到作为帝王光鲜的一面，还要知道背后的无奈，而作为君主，不能沉浸于一时的欲望，那样只会失去更多。

说点局外事

古代取名的习俗

我国是一个文化大国，在民间流传着很多习俗。小到百姓的吃食，大到国家的祭祀和战争，各种习俗都在潜移默化地影响着中华文明的进步和发展。古人认为给孩子取名字是一件十分重要的事情，必须遵循一定的规矩和规律。据说，在古代为孩子取名字是母亲的责任，后来，这项责任逐渐转移到了父亲的手中。除了父亲之外，祖辈、皇帝、舅舅、祖辈以及父辈友人等均可以为孩子取名。

取名字的人必须经过挑选，名字的确定自然也不能马虎。古人崇尚鬼神之说，因此这种社会文化也体现在了姓名中。一般来说，给孩子取名会遵循以下几点：尊古、述志、消灾祈福添寿。尊古是为了表现对古人或者制度的尊敬与崇拜；述志表达了人们对于功德和事迹的看重；消灾祈福添寿则体现出了对于平安长寿的美好渴望。

另外，史料上有关于春秋战国时期取名的详细记录。作为《礼记》的一部分，《内则》记录了一些在家庭生活中需要遵循的礼仪，其中就提到人们在孩子出生的三月之末要选择一个好日子命名。当天，婴儿需要剪去大部分头发，母亲要为孩子洗澡并换上新的衣服才能拜见父亲。另外，男孩和女孩留头发的方式是不同的。总之，古人取名字的过程烦琐复杂，十分讲究细节。不过，根据各地的风俗不同，取名字的规则也会有相应的变化。

晋国崛起

周平王东迁之后，经过之后几十年的努力，晋国逐步发展成为黄河上游地区最为强大的国家之一。到了晋献公时期，晋国世家大族的力量被分化削弱，国内形成了一套行之有效的行政机构，这样养精蓄锐了一段时间之后，晋国的国力更加强大，并且开始兼并周边的小国。

当时在晋国的南方有两个小国，分别是虞国和虢国。这两个国家关系非常紧密，而且占据着相当重要的地理位置。如果晋国可以拿下这两个国家，就能够阻止西边的秦国向东发展，这样晋国就能够逐鹿中原了。

虢国经常利用自己地理位置的优势骚扰晋国的南部边境。晋献公时刻都在寻找灭掉虢国的机会，但是，要想灭掉虢国首先要越过隔在两国中间的虞国，然而虞国和虢国的关系一向十分紧密，晋国根本没有出兵伐虢的机会。

晋国的大夫荀息向晋献公建议道："如果从外部攻不下虢国，那么可以选择从内部瓦解、消灭虢公的斗志。"于是，晋献公就从国内挑选了许多歌舞俱佳的美丽女子，经过一系列的培训之后送给了虢公。虢公得到美女，甚是高兴，就整天和这些女子们歌舞嬉戏，不理政事，家国政治全都被抛在脑后。虢国的大夫看穿了晋献公的计谋，就劝虢公远离女色，勤于政事，然而虢公早已沉溺在温柔乡里无法自拔，哪里还听得进大臣们的忠言？俗话说忠言逆耳，虢公听腻了劝告，就将忠臣都流放到边远地区，虢国朝堂一片晦暗。

当时除了中原地区的诸侯国，北方的戎狄势力也非常强大。经常南下骚扰中原诸国。邢国和卫国就是因为北狄的入侵而灭国的，而西部诸国只有晋国和虢国能够独当一面。晋国国力强大，北狄不敢轻易冒犯，虢国稍微弱一些，就经常受到戎狄的骚扰。

公元前 658 年，虢公率兵抵抗戎狄的侵袭。双方在桑田，也就是现在河南的灵宝僵持对峙。本来虢国就处于各路强敌的包围之下，再加上外族入侵，处境相当危险。然而虢公却毫不自知，依然仗着自己的祖先是周王室的公卿而有恃无恐。

君主这样的态度，即使能够暂时维持和平，也难以保证国家的未来。如果虢国能够和其他的华夏国家联合起来对抗北狄，那么边关的压力也会小一些。然而，这些西部的国家却又偏偏各自为政。令虢公没有想到的是，在虢国遭受外族侵略时，自己的盟国也出卖了自己：虞国借道给晋国，让晋献公从背后杀了过来。

晋献公是一个相当狡猾的政治家，当他看到虢国和北狄对峙的时候就想要趁火打劫，而且还想在灭虢班师回朝时顺便把虞国也灭了。

虞侯虽然不精明，但也知道虞国和虢国本是同姓宗族，在他们有难时背叛是不对的。这就使晋献公犯了难。

晋国的大夫荀息向晋献公说道："每个人都有自己的喜好，这就是人的软肋。我听说虞侯特别喜欢美玉和良马，只要我们能够送给虞侯这些东西，想必虞侯一定会被打动的。"晋献公一听就不乐意了，因为他也喜欢这些东西。荀息就进一步劝谏道："君主应当有长远的眼光，如果我们用这两样东西借到了通往虢国的道路，并顺利拿下虢国，在回来的路上我们就能消灭虞国。现在送给虞侯美玉良驹，就是先把这些物品寄存在他那里而已，到时候整个虞国都是您的，还愁没有这两样东西吗？"

晋献公听了这些话才命令荀息带着重礼出使虞国。虞侯一看到自己的所爱之物，眼睛都在放光，马上就答应了晋国的请求。

虞国的大夫宫之奇看出了晋国的险恶用心，就极力向虞侯进谏道："大王一定不能让晋国灭掉虢国。这么多年来，各路诸侯之所以不敢冒犯我国，就是因为我国和虢国能够团结一致。如果虢国被晋国灭掉，则唇亡齿寒，虞国离灭国也就不远了。"可是，虞侯正因为得到晋国的美玉和良马而高兴得晕头转向，哪里还会理会宫之奇的建议？宫之奇知道自己劝谏无效，虞国灭亡在即，就提前举家搬走了。

之后的战况真的就如宫之奇所预料的那样，晋献公在攻克了虢国之后班师回国。在路过虞国时，虞侯出去打猎，忽然有人来报：都城失火。虞侯忙赶回都城，发现国都并没有失火，而是被晋军占领了。这时他才想起宫之奇的话，可惜后悔已经太迟了。

就这样，晋献公仅凭着美玉和良马就拿下了虞国和虢国，为晋国的崛起清扫了障碍。

局势分析

无论是古代还是现代，作为政治家一定要有长远的目光，不能仅仅被眼前的微小利益所迷惑。虞侯因为贪图晋献公的美玉和良驹而完全置国家政事于不顾。因为贪图一点眼前利益，连自己的国家都搭上了，虞侯的短见可见一斑。

其实，在见到美玉和良驹之前，虞侯也还是有理智的，知道兔死狐悲、唇亡齿寒的道理，但是一看到自己想要的东西，他就把什么都抛到脑后了。作为君主如果控制不住自己的欲望，最终必然酿成大错。

其实每个人都有欲望，关键是一定要把它控制在一定的范围内。如果任其生长，就会出现欲壑难填的局面。晋献公和虞侯都非常喜欢美玉和良驹，但是晋献公就能从长远处着眼，暂时忍痛割爱，而虞侯就明显管不住自己，最后不仅得不到所爱之物，甚至连自己的国家都失去了。

说点局外事

作爰田与作州兵

"作爰田"是晋国为了缓解社会矛盾而实行的一种新的土地政策，对旧有的土地所有制进行了改革。"作爰田"大体分为两个部分：首先是满足那些土地不足者对土地面积的要求；再者就是规定不再回收这些已经分发出去的土地。

爰田的具体方法是按照人均分配土地。品质好一些的土地可以连续耕种几年，其他休耕，三年分配一次。好地每人一百亩，品质差一些的每人两百亩，更差的每人则可以得到三百亩。之所以要实施这种制度，是因为原本的土地制度遭到了破坏，土地分配不合理，导致社会矛盾十分尖锐。为了缓解这种矛盾，晋国决定"作爰田"，这样就解决了国内的土地所有权问题。

"作州兵"则是一种扩充兵源的政策。古时候，并不是所有人都有当兵的资格，只有那些"国人"才有权力受到征召。"国人"是指生活在都城或者都城附近的人们，相对的"野人"就是指远离都城的人们。但是，由于春秋时期各个国家混战不断，如果再控制士兵的出生就会面临着士兵不足的情况，因此晋国放宽了当兵的条件，即"野人"也可以享受与"国人"同等的待遇。这一措施有效解决了晋国兵源不足的问题。

陈完逃齐

在我国西周时期，实行的政治制度是分封制，所有的诸侯国都必须经过周天子的册封才能够继承爵位。爵位的等级有五种，即公、侯、伯、子、男。陈国就属于一个公爵大国，它的第一任君主是陈胡公陈满。而楚国的国君却仅仅是一个子爵，秦国的国君更是一个附属小国的君主。由此可见，当时的陈国在西周初年地位相当之高。

陈国的都城位于现今河南淮阳一代，包括河南的东部和安徽的一部分，基本处于中原地区的核心位置，领土也非常辽阔。优越的自然环境和地理位置使得陈国的国力在西周时期十分强大。然而在经历了十几代的君主之后，陈国开始衰败，再加上周平王的东迁，各个诸侯国都进入了多事之秋，整个时代礼崩乐坏。一向独善其身的陈国在大时代的影响下，也是内忧外患不断。

陈国由于地理位置较为特殊，再加上国力日益衰败，逐步沦为晋、齐、楚三国交战的场地。而在内政方面，由于多次的君位之争，使得陈国基本上沿着败亡的轨迹前行。陈国的第十代君主是陈平公，在他去世以后，他的儿子圉被立为国君，即陈文公。他当时娶了蔡国的公主，生下儿子陈佗，也就是后来的陈厉公。

在陈桓公去世之后，陈国又一次陷入了争夺君位的内乱之中。陈佗是陈桓公的弟弟，他的母亲是蔡女。蔡国为了在陈国的内乱中获得更大的利益，就帮助陈佗获得了君位，并将陈桓公立的太子陈免杀掉。蔡国对陈国的干预，使得陈国的政坛更加动荡不安，整个国家都陷入混乱之中。

由于陈国和蔡国的盟友关系，陈佗暂时保住了王位。陈厉公的上位本来就饱受争议，再加上他平时骄奢淫逸，贪财好色，很不得民心。

陈厉公有个儿子，名叫陈完。陈完的出生颇具传奇色彩。在他刚出生的时候，周朝的太史刚好路过。所谓太史，就是掌握阴阳历法，能掐会算的官员。陈厉公望子成龙，就请周朝太史给自己的儿子卜了一卦。太史对陈厉公说："你的儿子非常适合做诸侯的上宾，他将来也许会拥有整个国家，当然这个国家不一定是陈国。如果应验在其他国家身上，那么这个国家一定是姜姓的国家。如果陈国衰落，他的子孙后代一定会强盛起来。"

陈厉公的荒淫无度使得朝野上下怨声载道。终于，在公元前700年，这个好色的君王被他的三个侄子以美人计诱出，并最终被杀死在旷野上。之后，陈厉公的这几位侄子先后继位，即陈利公、陈庄公和陈宣公。在陈宣公当政时，他希望将自己宠姬的儿子立为储君，就把之前立的太子给废了，这样一来，陈国再一次陷入动乱之中。陈宣公之所以不杀陈完，是因为他不愿意背负残杀骨肉的恶名。可是陈宣公为了讨好自己的宠姬，连自己的亲儿子都下得去手，可见其心肠之歹毒。而陈完恰好和这位被废弃的太子关系甚笃，这样他也就遭到了陈宣公的猜忌，渐渐不容于宫廷。

已经经历过不少动乱事件的陈完，目睹了陈国的动荡局势。陈厉公之子的这一特殊身份，使得他终于决定离开陈国，出逃到齐国，这倒正迎合了周朝史官对他的预言。此时，齐国的公子小白刚登上君位，正是需要人才的时候，于是陈完就成为齐桓公小白的座上宾。齐国国力强大，完全能够庇护陈完这位流亡的公子，只要他能够得到齐桓公的认可，即使太史的话不能应验，他也能够保全性命，而不用像在陈国那样担惊受怕。

陈完在齐国改姓为田，齐桓公要拜他为卿，被陈完推辞，后来齐桓公又任命陈完为齐国的工正（就是管理齐国百工的官），陈完这才答应下来。陈完对于各国的风土人情都颇为了解，也熟悉各种工艺的流程，因此，他对齐国的技术发展史有着重要的推动作用。相传，我国第一部记录手工业技术的作品——《考工记》记载的就是陈完对齐国手工业发展的管理心得。

就这样，陈完在齐国扎下了根，陈完的后代以"田"为姓，陈完就是田姓始祖，这也是"陈田一家"的由来。

局势分析

陈完在经历陈国的动荡之后，来到位于东部的齐国。后来没过多少代，田氏就发展为齐国的大族，最终出现了田氏代齐的局面。有时候，如果一条路走不通的话，完全可以另外选择一条，就像陈完，在陈国生存不下去，就完可以另谋出路。只要宗族还在延续，就一切皆有可能。

此外，人除了身份地位，最好还应该有一技之长，这样即使遇到再大的动乱，也有能够活下去的本钱。陈完除了是一个贵族公子，还了解各国的风土人情，了解当地的手工业，这就使他在到达齐国之后，很快就得到了重用。他还总结了各种手工艺的生产流程。陈完一生善于思考总结，在我国的手工业发展史上占据着举足轻重的地位。

说点局外事

《考工记》

《周礼》是我国的一部儒家经典，"三礼"（《周礼》《仪礼》《礼记》）之一，其知识涉及面极为广泛，我们现今见到的《考工记》就是《周礼》的一部分。《考工记》在我国历史上，特别是科技、工艺美术和文化史方面占据着无可取代的地位，是我国最早的一部有关手工业技术的文献。记录了我国古代大量关于手工业技术的相关资料。全书记录了六大类三十个不同工种的技术内容，并且在其他学科，如数学、建筑、力学等各方面做出了一定的贡献。

对于现代人来说，《考工记》颇具研究价值。相关工作者可以利用这一文献研究我国手工业的技术、发展以及社会各方面的历史发展轨迹，对现代科技的发展产生了重要的影响。

齐桓公援燕

在历史上，北方地区生活着许多少数民族。不同于中原地区的农耕文明，这些游牧民族逐水草而居，他们的土地并不适合作物生长，所以经常趁着中原各路诸侯内斗的时候，南下侵扰周边国家，掠夺财物。北方的一些大国，像齐国、郑国、晋国等，都无法抵挡北方戎狄部落的攻击。

当时中原的诸侯国所面临的少数民族的威胁主要有三个：首先是位于北方的戎，其次是位于西方的狄，此外还有南面的楚国。而对于地理位置偏东的齐国来讲，西狄并不算是最大威胁，因为还有秦国挡着，但是流窜于齐国、鲁国和燕国之间的山戎，可就让齐桓公颇为头疼了。

由于齐国在当时还算是一个强国，山戎并不敢轻易冒犯，而势力相对弱小的燕国就不同了。这一年，燕国又遭到了山戎的骚扰，弱小的燕国抵挡不住，几乎遭遇亡国之灾。情急之下，燕国向齐国求救。这时候，齐国和燕国的关系还比较微妙，作为中原霸主，齐桓公曾经多次召开诸侯大会，而燕国都不在受邀请之列，并且燕国也没有主动要求参加。也就是说，燕国还是一个边缘国家，没有进入齐国的社交圈。但是，生死存亡之际，燕庄公也就顾不了许多了，直接请求齐国发兵救援。齐桓公是聪明人，唇亡齿寒的道理还是懂的，于是他就以中原盟主的身份向燕国发救兵了。

此时正在燕国烧杀抢掠的山戎令支国国王一听说齐军向燕国进发，自知不是对手，就连忙带着抢掠到的物资逃之夭夭了。为了彻底消灭后患，齐桓公决定亲自率军向山戎进军。但是，齐军首次北伐，对于北方的风俗、语言和地形都不太熟悉。燕庄公建议利用燕国边境的无终国作为行军的向导。无终国虽然也属于山戎，但是和令支并不是一个阵营的，于是齐桓公就送给无终国大量的金帛，最终打通了开往令支国的道路。

令支国国王密卢听说齐军来攻，就企图以险要的地势遏制齐军的进攻，并且在道路上挖了许多沟壑。当时齐国国相管仲也随军出征，他让兵士们都背上沙土袋，将敌军所挖的沟壑填平。齐军在管仲的带领下，一举攻破令支国老巢，密卢逃亡孤竹国。桓公在拿下令支之后，首先释放了被囚的燕国人，接着下令三军不得滥杀无辜，使得令支人民心服口服，感恩戴德。

为了彻底消灭山戎势力，齐桓公又向孤竹国进发，以擒拿密卢。在齐国进军孤竹国的路上，必须渡过一条溪涧。可是孤竹国国王将所有的渡河工具都烧毁了。正在发愁的时候，齐桓公忽然看到了一种似人非人、似兽非兽的动物，它向齐桓公行礼之后就向山涧跑去。齐军跟着它顺利地越过了溪涧。后来管仲说，这种动物其实是一种叫作"俞儿"的山神。只有看到霸主的时候，它才会出现。

孤竹国国王也没能想到齐军来得这样快，就手忙脚乱地弃城而逃。当时在孤竹国的北部有一个叫"旱海"的地方，是一片戈壁滩，寸草不生，到处是飞沙走石，人如果走进去，极易迷路，很难走出来。孤竹国国王想把齐军引入这片荒漠，让"旱海"吞噬齐国的军队，于是他就设计将齐军的力量向北牵制。等齐军进入荒漠，他早已回到无棣城。

齐桓公一行一直追击到深夜，才发现已经找不到路了。茫茫戈壁，风沙四起，人马巨惊。管仲说道："臣曾经听说过北方有一个叫作旱海的戈壁，是一个有去无回的地方，恐怕现在我们已经身处其中了，现在不能再往前走了，还是尽早撤回吧。"可是撤回也不是容易的事情，齐军已经迷路了。这时管仲提议："我们的军队中有很多漠北地区的老马，这些老马应当认识回去的道路。让马匹走在前面，我们跟着它们就有可能走出戈壁。"齐军凭借经验丰富的老马走出了荒漠，"老马识途"这个典故，也就这样被代代相传下来了。

事情真的像管仲预测的那样，齐军真的跟随老马走出了旱海这片死亡之地。历尽艰辛的齐军终于从荒漠走了出来，正好在无棣城中发现了孤竹国国王，于是管仲先让无终国的将军带着一部分人乔装混进孤竹城内，接着里应外合，一举攻破了孤竹国，擒获了孤竹国国王。

在平息了北戎之乱之后，齐桓公并没有占领孤竹国的领土，而是将这些土地赠给了燕国。因为毕竟齐国和孤竹并不接壤，即使占有这些土地，也不能够很好地管理，燕国自然对齐国感恩戴德。齐国的霸主地位也更加稳固了。齐桓公凭借管仲的辅佐大破孤竹国，各路中原诸侯无不侧目赞叹。

◤ 局势分析 ◢

齐桓公是春秋时期最有名的霸主，即使在后世，人们对他也有着很高的评价。像孔子就曾经称赞齐桓公"正而不诡"，就是认为他是一个比较正派的君主。在春秋乱世，列国之间为了争斗，肯定会使用一些计谋，而能够既获得成功又顾全礼仪的，是非常少的，齐桓公就基本上做到了。

在这次对燕国的救援中，齐桓公也表现得很有气度，不仅不要求燕国答谢，还将戎狄的土地划归燕国管辖，确实是很有眼光和胸怀，再加上他平定北戎的功绩，担任诸侯盟主可谓是实至名归了。齐桓公在对待周围小国的态度上重礼仪，而且往往能够做到以德服人。这使得各路诸侯都纷纷表示赞叹和膜拜，这也是齐桓公称霸的重要原因之一。

◤ 说点局外事 ◢

令 支

令支是古称，指的是如今的河北迁安、迁西和滦县北部一带，但随着时代变迁其所属也多次变更。关于"令支"这个名字的起源有几种说法。一种说法与先商时期的部落崇拜有关。据说，远古时期令支部落崇拜鸟类，因此以鸟类的叫声当作部族的名字；有人说令支的名字是由黄帝时期慢慢演化而来；还有人认为，"令支"这个名字与当地的物产有关系，这种物产就是一种名为杜梨的果树。

杜梨是一种多刺的野生树木，这让人们在采摘果子的时候感觉十分困难，因此留下了深刻的印象。后来，随着时间的推移，果树的名字"杜梨"在人们口中或笔下发生变化，最后就成了今天的"令支"。

另外，还有一种说法。据史料记载，几千年前，我国的西北地区有个名为"西羌"的部落联盟，联盟之中有个部落名为"令人"。"令人"居住在青海，部落的图腾是羚羊。后来，经历过部族的迁徙，部分"令人"到达运城盆地。经过长时间的繁衍生息，"令人"在商朝灭亡之后再次迁徙，其中一部分就来到了迁安、迁西一带，另外还有少部分远居国外。

庆父之乱

庆父，又被称为仲庆父，春秋时期鲁国人，姬姓，父亲是鲁桓公。庆父有叔牙和季友两位兄弟，三人同为鲁庄公的弟弟，但是庆父、叔牙和鲁庄公的母亲并非同一人。此外，他还是孟孙氏之祖。

庆父曾经担任鲁国上卿之位，他专横且荒淫无度，联合叔牙合谋篡位之事。在夺取君位之后，庆父更加为所欲为，使得鲁国上下一片混乱。当时的齐国使者道出了真相："庆父不死，鲁难未已。"

公元前662年，鲁庄公病危，不得不开始考虑下一任君主的问题。按照鲁国的定制，应该立叔姜的儿子为新君，但是鲁庄公不喜欢这个孩子，于是就想要立公子斑。但是鲁庄公又不得不面临这样一个问题——公子斑并非嫡长子。按照规定，只有嫡长子才能接任君位。

这下子鲁庄公陷入了烦恼之中，而且他知道庆父一直有即位的心思，于是就召叔牙到身边试探性地询问了一下他的意见。庆父与叔牙暗中早有联系，听到鲁庄公这样询问，叔牙便鼓动他立庆父为新君。鲁庄公一听，心中更加忧虑，失望之余病情恶化。后来，鲁庄公又找弟弟季友，希望他能给自己出一个好主意。

季友本性正直，他知道庆父和叔牙没安好心，就让鲁庄公立公子斑为储君。接着鲁庄公说出了自己的忧虑："叔牙力荐庆父，这可怎么办才好？"季友听闻，告诉鲁庄公不要担心，这件事他自然会处理。

叔牙本以为鲁庄公一死鲁国必归庆父掌中，没想到事情还没成功自己就命丧季友之手。季友在密谈之后借着鲁庄公的名义将叔牙圈禁在家中，之后逼迫叔牙饮下毒酒。季友对他说："只要你喝下毒酒，就能保全家人及后代。这样在你死后还能有人祭奠你。不然，你就等着被灭满门吧！"叔牙见势，知道自己非死不可，于是为了保全后代性命，他被迫饮酒自杀。

不久，鲁庄公病逝，公子斑随即即位。庆父听说了此事心中愤恨，便想方设法谋害公子斑。季友虽然尽力扶植公子斑，但是没想到新君即位不久就被身边的人杀死。

鲁庄公执政时期，公子斑喜欢上了梁氏之女。但是公子斑无法经常上门探望，于是就经常派为自己赶车的荦代为前往。后来有一次，公子斑没有指派荦，而是独自前往探望，却没想到碰巧看到荦与梁氏之女嬉戏的场景。公子斑一看顿时勃然大怒，毒打了身份卑微的荦。荦原本是一个力大无穷的人，碍于身份他不能反抗公子斑。但是这件事之后，荦就对公子斑怀恨在心，并且一直伺机报复。

其实，鲁庄公在听闻了这件事之后曾经召见了公子斑，劝他要对荦多加小心。鲁庄公认为公子斑只是鞭打了荦，可能会留下后患。可是，公子斑自恃身份尊贵，根本就没把卑微的荦放在眼里，这件事也就这样不了了之了。

庆父知道荦对公子斑毒打他的事情一直耿耿于怀，就趁机唆使他杀了公子斑。就这样，即位两个月的斑惨死。季友虽然怀疑斑的死与庆父有关，但是鉴于势单力薄，他只好逃出了鲁国。庆父唆使荦弑君成功，但是不想引人怀疑，便也离开鲁国跑到了齐国。

庆父原本以为，鲁庄公和斑一死再也没有人能够阻挡他坐上君主之位。出乎他意料的是，这时齐国的君主齐桓公竟然开始尽力扶持鲁庄公的另一个儿子，即鲁闵公，季友也从陈国被接了回来并担任鲁国的宰相。这使得庆父相当恼火，又开始寻找刺杀鲁闵公的机会。

哀姜本姓姜，齐国人，后嫁与鲁庄公，"哀"是她的谥号。鲁闵公是她的妹妹叔姜为鲁庄公生的孩子，而哀姜没有为鲁庄公生下一儿半女。后来，她与庆父私通两人合谋杀了鲁闵公。庆父与哀姜串通一气，再一次成功暗杀了鲁国的新君。

鲁国新君两度被杀，国内局势日趋混乱。在这种情况下，季友无奈只得带着公子申出逃邾国，庆父终于得到了期盼已久的君主大权。

成为鲁国君主后，庆父骄奢淫逸的本性暴露无遗，他任性而为，搞得百姓怨声载道。季友见庆父把好好的鲁国搞得乌烟瘴气，心中十分气愤，随即发表了檄文呼吁鲁国百姓征讨庆父，并迎接公子申回国即位。由于庆父平时行恶太多，鲁国百姓对他恨之入骨，纷纷响应季友的号召。庆父一看局势不妙，仓皇出逃莒国，哀姜也跑到邾国躲了起来。

公元前659年，季友带着公子申回到了鲁国。公子申即位，史称鲁僖公。虽然庆父跑到了莒国打算远离政坛漩涡，但是季友并没有打算放过他。鉴于庆父本性残暴且罪行累累，他一天不死鲁国就没有宁日，季友花费重金收买了莒国君主，要与他交换庆父，莒国君主痛快答应了。庆父深知回到鲁国绝对没有好果子吃，便在归国的途中自杀了。

局势分析

"庆父不死，鲁难未已"，庆父之后，他的名字就成为了祸乱的代名词，与他勾结私通的哀姜同样遭到人们不耻。庆父作乱，为鲁国带来了极大的祸乱，国人也为此遭受了极大的苦难。因此，庆父也被一些学者列为中国历史上的"十大恶人"之一。

庆父在鲁国横行霸道的时候，齐国已经拥有了十分强大的实力。齐桓公打着"尊王攘夷"的旗号在诸侯之间"主持公道"。哀姜本是贵族女子，其作为让齐桓公颜面无光，于是在庆父作乱失败后也被引渡回齐国杀死。同时，齐桓公扶植鲁闵公的计划也以失败告终。

说点局外事

邾 国

春秋时期，邾国和莒国的地位是仅次于齐国和鲁国的国家，位于现今的山东省境内。虽然是小国，但是邾国的国力很强，据说到了春秋末期还保存有六百战车，版图包括了邹城以及周边的一些地区。由于邾国与鲁国是邻国，所以两国之间的关系对邾国来说十分重要。

邾国是曹安的后代，因此为曹姓，先祖是晏安，邾国也称邾子国。公元前614年，邾国迁都到绎。原本邾国的国都在山东的邹城境内，是一座历史悠久的古城，自春秋时期建立以来存在了一千多年。这座古城依托高山和高地，南北较高，中间比较低，一旦战争爆发，易于防御，因此具有一定的战略优势。

现代人仍然能看到一些邾国故城当初的影子，经过千年，这座城池仍留下了几千米的城墙和大量的泥土砖石。

卫懿公亡国

卫国位于淇水附近，是中原地区的一个小国，其国力在众诸侯中并不算特别强大，尤其是在经历了州吁之乱以后，又相继爆发了多次内乱。动荡的政治形势使得卫国的国力受到极大的亏损，甚至直到卫懿公的父亲时期，也还是借助齐国的力量才得以继承王位。卫国的历代国君几乎没有一个具有雄才伟略、宏图大志的。到卫懿公的晚期，卫国基本已经不再算是中原大国了。而面对如此严峻的国际国内情势，卫懿公不仅从不考虑重整山河，对治国安邦毫无热情，反而对他的宠物白鹤情有独钟。

卫懿公对于白鹤的喜爱已经到了痴迷的程度，他不光在自己的离宫行院中大肆养鹤，甚至每次外出游玩都把白鹤放在自己的轩车之前，时人讽之为"鹤将军"。当时朝野上下都知道卫懿公好鹤，谁能找到一只上等的白鹤，就等于找到了加官晋爵的敲门砖。卫懿公登基几年，治理国家的本事没有长进，养鹤的经验却积累了不少。他甚至还给白鹤加官晋爵，最为漂亮的白鹤被封为大夫，甚至待遇也和大夫相同。老百姓们食不果腹，衣不遮体，而白鹤的食宿条件却比大臣们都要好很多。

当时许多正直的大臣都对卫懿公的这种怪异的举动进行了劝谏，但他根本对此不理不睬。

卫懿公和他的白鹤游乐的时候，位于北方的北狄部落已开始对卫国虎视眈眈了。与此同时，齐桓公率军向北远征孤竹，这使得北狄部落大为恼怒，决定给中原各诸侯国一个下马威，卫国首当其冲。当北狄部落攻破卫国边境的时候，卫懿公这才开始考虑应当组建军队以抵御外辱，但是已经太晚了，他多年的失政使得没有人愿意替他保家卫国。人们纷纷表示：让卫懿公的鹤去替他打仗吧！

卫懿公这才意识到自己由于过于沉溺于闲云野鹤之间，已然大失民心。于是他赶忙将自己所豢养的白鹤悉数放归山林。百姓们看到向天边散去的白鹤，才稍微对卫懿公有了点信心，并匆忙组建起军队。之后，卫懿公决定御驾亲征，以振士气。然而，临时召集的民兵怎么能够抵挡北狄精兵来势汹汹的进攻？就这样，还没战斗几个回合，有勇无谋的卫懿公就陷入了北狄军队的包围圈，当时卫懿公的侍从渠孔劝卫懿公化装成士兵的样子逃跑，但是这位好鹤的君主还是颇有骨气的，决定坚决奋战到底，如果不幸被捕了那就以死谢罪。

最终，卫懿公惨死于北狄军士之手，被剁成了肉泥。尽管魏国军队进行了殊死抵抗，但是最终寡不敌众，全军覆灭。狄兵来势汹汹，卫国的国都兵力空虚，最终失守。敌军进入卫国国都之后，烧杀抢掠，无恶不作，死于战乱的百姓更是数不胜数，卫国王室中的财物也被劫掠一空。

卫懿公因为过分喜爱鹤而耽误朝政，最终导致身死国灭。养鹤本是雅好，但是这毕竟是闲情雅致，如果一国国君因为沉溺于养鹤而忘记了自己的本职工作，对于国家和人民就太不负责任了，最终只能落得国破家亡。俗话说："在其位，谋其政。"卫懿公就是因为没有弄清楚自己的身份地位，没有分清楚哪些事情该做，哪些不该做，最终使一国的百姓都要跟着他遭殃。

卫懿公死后，大臣石衬子和宁速带领卫国的宫室连夜出逃，北狄也丝毫没有放松追击。幸好，在卫国的难民逃到黄河边的时候，宋桓公前来接应，这才使得他们躲过一劫。在到达安全之地之后，卫军清点人数，发现只剩下730人了。可见此役对卫国打击之沉重。不过虽然国家暂时陷落，卫国的储君最终被保留下来，香火得以延续。在无数次的宫廷内乱之后，卫国王室子孙几乎所剩无几。当时的公子毁在齐国，看到卫国内乱，为了保全性命就留在了齐国。后来看到卫国有难，就责无旁贷地回到卫国，肩负起复国的重任。

在齐国国君的帮助下，公子毁终于回到卫国，举行祭祀等礼仪，即卫文公。卫文公不同于自己的父亲，是位有道明君。他在位期间，农业有了很大的发展和提高；在朝政上，卫文公能够选贤任能。不同于卫懿公的奢侈无度，他能够布衣帛冠，在生活上非常节俭，这样，卫国在他的带领下逐步恢复了元气。经过一段时间的努力，再加上齐国的鼎力相助，卫国的国力得到了复兴。作为中原诸侯国的盟主，齐国对卫国的扶持在当时的国际规则中是理所当然的。这种诸侯会盟互相扶携的制度，能够使一些弱小的国家受到庇护，即使暂时丢掉了国家，也能够在一片废墟之上重建家园。

局势分析

白鹤，本来是高洁和优美的象征，只有翱翔在天地之间才能够展现出超凡脱俗的飘逸之美，但却不幸被卫懿公当成宠物圈养起来。本来养两只仙鹤也不是什么大事，但是错就错在卫懿公把养鹤当成了自己的主业，治国倒成了业余活动了。这属于典型的玩物丧志，不是一个君主所应该做的事情。

卫国本身不算大国，还处于四周皆强敌的位置，本来应该兢兢业业，坚守自己并不算强盛的国家，但是卫懿公却对这些内忧外患视而不见，一味地借助白鹤逃避现实，最终匈奴们杀进国都，卫懿公被乱军杀死。虽然在兵败的时候，卫懿公选择留下与卫国共存亡，但即使这样也迟了，那些流离失所的居民，那些在战乱中被烧杀抢掠的城镇，并不是卫懿公一人之死可以赎回的。

说点局外事

古人的白鹤情结

古人认为白鹤高洁、优雅。在道教中，鹤代表着长寿。可以说，对白鹤的崇拜显示出了中国与众不同的文化。

一般都知道，在道教文化中，鹤与仙人形影不离。在我国传统绘画中也少不了白鹤与劲松的影子。人们有时候将鹤称为仙鹤，而这仙鹤指的其实就是丹顶鹤。卫国国君喜欢鹤已经到了痴迷的程度，人们为此作诗讽刺他的玩物丧志。

白鹤

曾闻古训戒禽荒，一鹤谁知便丧邦。

荣泽当时遍磷火，可能骑鹤返仙乡？

丹顶鹤体态优雅，天生具有古人崇尚的仙风道骨，被世人称为"一品鸟"，也难怪很多人对它赞不绝口。人们赋予鹤很多崇高的精神品格，近千年来，鹤成为了高洁的象征。古人多用白鹤比喻一个人超凡的德行和修为，将鹤誉为君子。

在民间，流传着鹤寿命很长的说法，人们认为鹤和龟一样长寿。实际上，一般自然界中的鹤只有二三十年的寿命，而且并非栖息于山中。我国传统画家偏爱将仙鹤与高山、树木、龟、鹿等联系起来，实际上是体现了画家对于修为德行的一种美好向往。总之，一般情况下，在中国文化中与仙鹤有关的图画都寓意着吉祥。

重建邢卫

自周平王东迁，周王室开始逐渐衰弱，诸侯国崛起。由于中央集权日渐分散，中原国家很难团结起来抵御外敌的侵扰。与中原相比，一些少数民族草原部落颇具进攻性，而且，由于民族性和经济文化环境因素的影响，这些少数民族进攻中原地区的目的多在于劫掠财物而非攻破城池扩张土地。

春秋初期，戎狄对中原地区的侵犯十分猖狂，曾经一度攻到了齐国一带。但是当时齐国并不十分强盛，后来在郑国的帮助下齐僖公才将狄军赶走。为了感谢郑国公子的帮助，齐僖公想要将女儿许配给他，不过，最后公子忽并没有答应这门亲事。

狄人本性野蛮，侵略自然不会因为一次小小的失败而结束。公元前659年，赤狄人侵略了中原的小国——邢国。由于国小力微，邢国只得向齐国求助。当时的齐军正好远征归来，人马都需要休整，谋臣管仲打算联合中原的各方诸侯国共同退狄。

此时的齐国已经身居各诸侯国盟主之位。管仲认为，狄人屡次进犯中原肆意劫掠还不满足，如今仍然没有想要停手的意思，已经成为中原地区的一大祸害。诸侯国之间关系十分密切，一国有难，他国也会因此受到影响。既然中原各诸侯国已经签订盟约，亲如兄弟，自当联合起来共同抵御外敌。

之后，鲁国、宋国、邾国等国接到齐国的邀请共同出兵对付狄戎。这时候的邢国国都已经遭到了赤狄的围困，形势危急。

不过，管仲从不打没有把握的仗，况且齐军刚刚远征归来，仍然处于疲劳状态，用兵更需谨慎。当初管仲极力促成各方联合救援邢国，并不是出自毫无意义的善心，他的出发点归根结底还是齐国的利益。打仗是一件劳师动众的大事，稍有偏差就会得不偿失。

通过观察管仲发现，赤狄军队作战勇猛、实力强劲，如果贸然与其对战，中原军队必定吃亏。于是他建议齐桓公按兵不动，等待时机成熟。齐桓公采纳了管仲的意见，屯兵休整。管仲一方面让几路援军都在附近观望邢国与狄人交战，另一方面派人告知邢国等候其他援军的到来。

此时的狄戎气焰十分嚣张，邢国实力微弱，怎么可能长时间抵挡住敌方猛烈的进攻？当时管仲根本不想因为一个小小的邢国而削减齐国的国力。另一边，邢国军民为了保卫国家定会拼命死战，这就会大大消耗狄人的兵力，让援军有可趁之机。

几日间，狄人与邢国已经交战数次，邢国最终被狄人所攻破，百姓纷纷逃往国外，邢国国君杀出一条血路勉强保住了性命。等到齐、宋、曹三路援军拔营起寨时，狄人不仅攻破了邢国，而且已经进入了卫国，痴迷养鹤的卫懿公被杀，邢国和卫国的都城遭到了狄人的疯狂劫掠。

从另一个角度来说，虽然狄人在这次战斗中收获了大量的战利品，但是由于长时间的作战，狄军已经开始出现疲劳、士气下降等现象，因此战斗力迅速降低。相对的，几路诸侯国大军驻军已久，养兵蓄锐，军士们个个精神百倍，准备大干一场为邢国和卫国报仇雪恨。

狄军首领一看几路大军浩浩荡荡杀来，便加紧了劫掠的速度，并在中原联军到来之前快速撤离。齐、宋、曹三国军队到达时，邢国国都已经残破不堪，以齐国为首的援助行动以失败告终。

赤狄这次进犯，使得邢国和卫国遭受了严重的破坏。齐桓公援助不及时，只得在事后进行弥补。但是要怎么做才能重建起两个国家呢？

邢国国都原本就处于比较不利的位置上，一旦狄人南下就会受到冲击。所以当齐桓公询问邢侯国都重建一事时，邢侯说："邢国的百姓大多已经逃到了别处，剩下的人也不愿意在旧都生活了。不如顺从局势直接迁都。"齐桓公一想，重修旧都也是一件劳民伤财的事情，在工程量上其实与另建新都差不了太多。于是他就爽快地答应了邢侯的请求。

由于邢国的财产都已经被狄人掠走，齐桓公就命人从齐国运来大量的衣物和食物分发给百姓，并且命令几个国家的军队帮助邢国建立新都，修建宫殿、庙宇和道路等等。邢国的新都城建在夷仪，完工之后，百姓们都十分高兴地搬进了新家，慢慢淡忘了战乱的痛苦。

诸侯国帮助邢国重建了都城，但是卫国的处境依然凄惨，于是齐桓公又请求盟友帮助卫国建立新城。卫文公早有此意，对于刚刚战败遭掠的卫国来说，根本没有建立新都的能力。所以当齐桓公问他是否已经选好新都地址时，他已心中有数。

对于处于极盛时期的齐国来说，这并不算什么，之后齐国、宋国和曹国的军队再一次联合起来帮助卫国修建了新都。虽然齐国在狄戎进犯之际并没有出力，但是邢国和卫国的百姓对新建的都城十分满意，对齐桓公感恩戴德，就此忘记了亡国之痛，而齐桓公也因此威望更胜从前。

局势分析

在狄戎强势的攻击下，邢国与卫国的都城遭到洗劫，国家处于灭亡的边缘。可以说，齐国在这件事上要负主要责任。齐国首先提出抗狄援救计划，但是齐桓公又在管仲的建议下，与其他诸侯国的援军屯兵驻扎，袖手旁观，看着两个国家被攻陷，这对当时的盟主齐国来说是一件十分丢面子的事情。

为了挽回局面，齐桓公对邢国和卫国重建都城之事十分上心。对于卫国，其实周围的人都知道，当时齐桓公宠爱的女人正是卫文公的姐姐，所以齐桓公对卫国出手相助，还有这一层关系在里面。

由此可以看出，在战乱时期，所有国家的行动都是出于自身利益的考虑，即使是盛极一时颇有威望的齐国，也不会在得不到任何好处的情况下出兵援助其他国家。

说点局外事

狄与戎

我国古代汉族自称华夏民族，围绕在汉族的少数民族则分别被称为北狄、南蛮、东夷、西戎。所谓北狄，就是中国古代华夏民族对北方少数民族的称呼，这个称呼最早出现在周朝。

狄人可以分为白狄、赤狄和长狄三支。从地理位置上来看，白狄曾经活动于现今的陕西一带，而赤狄则主要分布于晋东南地区。长狄情况则不详。在春秋时代，狄与戎经常被混称。实际上，狄与戎自从春秋中叶之后就在地域上有了很明显的区别。这说明，狄与戎虽然在地域上相去甚远，但是民族种类却有相似之处。

赤狄也被称为赤翟，主要的氏族有 15 个。传说，之所以称"赤狄"是因为部落人民的衣服颜色多为赤色。在几个部族中，赤狄的战斗力最强，因此对中原地区的威胁最大。西戎是华夏族对西方少数民族的称呼。在春秋时期，西戎也是中原诸侯国的强劲对手。西戎经常会领兵骚扰中原地区，抢夺财物和人员，给中原各国造成了很大的困扰，就连齐、晋这样的大国也没有幸免于难。

后来，中原地区加强了对边疆少数民族的防御，而且会不时地举兵讨伐。到了春秋中后期，不少的少数民族已经渐渐融入中原，成了华夏族的一部分。

昭陵之盟

在春秋时代的后半叶，位于长江汉水流域的楚国发展起来，并且对中原地区的霸权虎视眈眈，这使得位于中原的齐国更加处于不利的位置，北方有戎狄的侵扰，南方有楚国的威胁，就如同"春秋三传"之一的《穀梁传》中所写的那样：中部各国处于"不绝如线"的情势之中。

楚国位于南方，水草丰足，经过数代君王的努力，已经成为一个颇有实力的国家。在楚文化的影响下，这里的人民大都自由浪漫，形成了与中原地区的礼乐文明截然相反的文化。齐国成为中原地区的霸主，靠的是"尊王攘夷"的正统思想，而楚国则依靠雄厚的兵力对各个小国产生的威慑。经过数代君王的东征西讨，楚国的疆域已经非常辽阔，而齐国虽然在领土上没有较大的拓展，但是在贤相管仲的治理下，国力已经获得了空前的提高。

齐国和楚国都在谋求霸权，期间的冲突自然就不可避免了。当时的郑国位于齐楚之间，地理位置十分重要，是中原各国的门户，如果楚王觊觎中原霸权，郑国首当其冲。而郑国自从郑庄公之后，国力就已经大不如前，这就使它逐步沦为楚国与中原诸侯国争霸的战场。

公元前658年，楚成王急于争霸，在经过一系列的准备之后，命令大夫斗章率军进攻郑国。郑国的聃伯马上向齐国求救，楚国的进攻使得齐桓公十分警惕，他马上召集中原各路诸侯，准备救郑。仅有两百辆战车的斗章看到中原诸侯的阵势，马上意识到胜算不大，就班师回朝了，齐军不战而屈人之兵。斗章的临阵脱逃，使得气焰正盛的楚成王大为恼怒，觉得斗章的贪生怕死削弱了楚军的士气，就让斗廉杀斗章。斗廉觉得斗章罪不至死，而且如果此时让斗章重新杀回郑国，使一个回马枪，郑国必然措手不及，斗章也能够将功折罪。

战情的发展和斗廉预料的一模一样，郑国的聃伯果然毫无防备，并且在斗章的偷袭之下沦为阶下囚。然而，仅仅掳回聃伯，根本满足不了楚成王的野心。他的目标是称霸中原。于是，齐、楚之间一场更大规模的斗争看似不可避免，且越来越近了。

公元前658年，齐桓公联合中原诸国，包括楚国势力范围内的江、黄二国，浩浩荡荡开进楚国边境，准备讨伐楚国。然而，由于齐国奸细的出卖，楚国对齐军的军事行动早已了如指掌，并且早有准备。

齐国的军队在半路上被楚大夫屈完拦了下来。屈完不仅是一位出色的政治家，也是一名能言善辩的说客。他在拦下齐王的军队之后，先是以彬彬有礼的态度向齐王表明自己是奉楚成王之命等待齐桓公，接着就诘问齐军："我奉成王之命，向您请教，我国位于南海，贵国位于北海，相距千里，本是风马牛不相及的地方，我们哪里得罪贵国，劳烦您兴师动众地前来讨伐？"

这一问使得一向以理服人的齐桓公顿时语塞。确实，如果一支军队师出无名，就会使士气发生动摇，要想取得胜利就很困难了。幸好这时候管仲也在现场，就义正言辞地回答道："我国的先君太公望曾有周成王的受领，凡公侯伯子男，乃至九州各地的诸侯，我君都可以征讨，从而拱卫周王室。而东到大海，西至黄河，南到穆陵，北至无棣，只要是不供奉周王室的，我君都有权力征讨。请问你们国君有多少年没有向周王室进贡过包茅了？当年周昭王在南征时，落入贵国的汉水而殒命，你们楚国又应当负多少责任？"

面对管仲尖刻的诘问，屈完也不甘示弱："没有按时向周王室进贡包茅，是我们的过错，但是昭王之死和楚国有何关系？你们还是向汉水去讨回昭王吧！"

齐桓公看到楚国并未屈服，就下令各路诸侯继续进逼楚国。其他的诸侯国也想一举攻下楚国，都认为要尽快进军，然而管仲却有着不一样的看法。他觉得之所以讨伐楚国，并非为了楚国的领土，而是让其臣服。如今联军兵多将广，已对楚国有所震慑，不必再继续穷追猛打了。于是齐桓公在管仲的建议下退守召陵。

楚王看到齐桓公能够号令如此多的军队，也不敢贸然迎敌，就又派屈完到齐桓公的兵营进行谈判。屈完带了一车包茅，首先对楚国多年未侍奉周室的行为表示抱歉，接着就开始和齐桓公探讨议和的条件。在谈判时，齐桓公挑衅地问道："我能够号令这么多军队，什么样的国家攻不下来？"屈完也十分机智地回答说："如果大王能够以德服人，就一定会有更多的人对您表示拜服，何不趁现在与楚国达成和解呢？如果大王执意进军，那么楚国必以方成山为城，以汉水为池，不知大王您是否能攻破？"

齐桓公其实也并不想和楚国兵戎相见，就同意了屈完的提议，在召陵和楚国正式歃血为盟，并班师回国。就这样，看上去一触即发的战争，就在紧张的磨合与和平谈判中化解了。

局势分析

屈完是历史上出名的能言善辩之士。他诘问管仲的这一段对话也成为春秋时期最为精彩的外交辞令之一，并且留下了"风马牛不相及"的成语。齐国作为中原大国，齐桓公一向以礼仪自居，所以屈完也就以此为突破口，用礼制来要求齐桓公。告诉齐桓公要真正做到以德服人，而不仅仅依靠武力取胜。

作为一个使臣，屈完已经做到了有礼、有力、有节，是外交史上的典范。当然，齐国之所以退军，其中最主要的原因还是齐楚的国力相当。如果一定要对阵，定会两败俱伤，谁都得不到好处，所以才会有这次的召陵之盟。一方面，齐桓公是个英明的君主，另一方面屈完是一个杰出的使臣，这才使得这场箭在弦上的战争最终得到了化解。

说点局外事

中国的贡品文化

我国自古就有奉献贡品的习俗，从供奉鬼神到侍奉君王主人，经过长久的发展，贡品制度演变成了一种独特的文化。可以说，贡品文化已经成为了我国富有特色的一种精神文化遗产。

早期的贡品多是马匹、牲畜，后来多为珠宝、金银等物，也有的场合需要人们献上粮食等。一般来说，贡品都是要经过甄选的，古代的贡品多为各地的名贵之物、特产，这些物品多含有吉祥平安或者祈福的寓意。随着历史的发展，贡品制度越来越完善，并出现了各种各样的风俗、礼仪，也出现了一批相关的工艺人员。

我国古代敬神的物品也是有讲究的，首先从分类上来说，贡品可以分为五大类，分别为茶酒、果品、香烛、五谷杂粮肉食以及动物。有一些宗教禁食肉类，那么在供奉的时候也就不可以出现肉类了。比如，在我国的道教和佛教的祭祀活动中，贡品的种类就是不同的。

此外，贡品文化促进了国际交流。在古代，国与国之间为了交好经常会互相赠送礼品，而一些大国会接受小国的朝贡，王室也会接受诸侯国定期送来的贡品。我国与周边一些小国家也会互通有无，进行朝贡贸易。春秋时期，如果破坏了朝贡制度，就有可能引发政治危机，一些别有用心的诸侯国甚至会以朝贡为借口挑起战争。

百里奚入秦

百里奚（约公元前 700～前 621 年）是秦国的重臣，春秋时期著名的思想家、政治家。百里奚的前半生一直处于漂泊不定的状态，年轻的时候虽然饱读诗书但是却一直无人问津，秦国君主启用他的时候他已经是七十多岁的老人了。百里奚入秦之后，恪尽职守，得到了人们的尊敬。在他的辅佐下，秦国奠定了统一中国的基础。

年轻时的百里奚学习十分刻苦，满腹经纶而且人格高尚，一些人将他当成毫无缺点的完人。他踌躇满志，立志做一番大事业，但是事业一直不顺利。由于出身不高，想要进入政坛的百里奚遭遇了无人举荐的窘境。虽然他很有才华，却一直默默无闻。

安逸的生活无法满足志向高远的有才之人，为了求得发展，百里奚决定游走四方，在各个诸侯国中寻求做官的机会。他的想法得到了妻子的支持。之后，百里奚远走他乡，过上了漂泊不定的生活。但是，历尽辛苦的百里奚还是没能如愿，更糟的是他的生活陷入了困境，一度不得不以乞食为生。天无绝人之路，百里奚虽然被迫四处漂泊，但是在流浪的过程中他遇到蹇叔。蹇叔是当地一位十分有名的人物，在他发现了百里奚过人的才能之后就与他结成了挚友。

蹇叔与百里奚十分赏识彼此。百里奚入朝做官的心情十分急切，所以当他看到齐国招贤纳士的榜文之后就想要去齐国，但是蹇叔却阻止了他。作为好友，蹇叔自然不会阻碍百里奚的仕途。而之所以阻拦百里奚辅佐当时的齐君，是因为齐国的内政十分混乱：齐襄公被杀，朝廷大权旁落，而且齐国的两位公子都流亡国外。蹇叔认为，背负着弑君之名的公子无知是无法长期掌握大权的。百里奚认为蹇叔说得有道理，于是就放弃了到齐国做官的念头。

百里奚除了拥有治国的才能，还有另外一项特技——养牛。他听说周王子对牛有特殊的爱好，只要能把牛养好就能做官，于是他收拾家当准备启程。

这一次，蹇叔没有阻止他，只是在他临行之前劝诫他要选择一个明君辅佐，不然会落得一个不忠不义的罪名。

到达周之后，周王子十分欣赏百里奚养牛的才能，就让他做了自己的家臣。之后，百里奚又将蹇叔召来一起侍奉周王子。虽然蹇叔应百里奚的邀请从住处来到了周地，但是经过一段时间的观察，他认为这位周王子并没有成大事的才能。于是过了不久，百里奚就离开了周地回到了家乡。

百里奚一离开就是几十年，回到家乡之后发现一切都变了样，就连妻儿也已经不知所终。蹇叔就将百里奚又推荐给了好友宫之奇。宫之奇是虞国大夫，是一个具有远见卓识世人，他眼中的百里奚确实是一位可以辅佐君主的人才，于是就将百里奚推荐给了虞国君主。

后来，虞国被晋国消灭，宫之奇由于早年劝诫不成举家搬迁躲开了祸乱，而这时的百里奚却选择留在虞国君主的身边，随即被俘到晋国。百里奚声名远播，晋国国内也有人知道他的才能，就建议当时的晋献公重用他。晋献公听取了大臣的意见，就派人规劝百里奚，没有想到百里奚气节高远，竟然以强硬的态度拒绝了晋献公的邀请。这让晋献公觉得很没有面子，对百里奚心生厌恶，便再也没有亲近他。

位于晋国西侧的秦国在秦穆公的治理下，实力逐渐增强，秦穆公想要与邻国强晋交好就提出秦、晋联姻的邀请，于是晋献公决定将女儿嫁到秦国，而百里奚将作为晋国的陪嫁仆人进入了秦国。此时的百里奚已经70多岁了，在得知此事之后就逃到了楚国。楚王见他养牛养得好，就安排他到南海养马。

当秦穆公看到了陪嫁的礼单之后，却发现百里奚已经不知所终。据他手下的大臣公孙枝分析，由于百里奚的家人大部分都在楚国，所以他一定也跑到楚国去了。当初百里奚错投了虞侯，虞国被灭之后他就成了俘虏。求贤若渴的秦穆公听说百里奚是一位才华横溢的君子，便打算派人带着重礼到楚国相迎。但是公孙枝阻止了他，反而建议秦穆公带着五张羊皮以交换奴隶为由将百里奚带回秦国。

实际上，楚王一向爱惜人才，只是他不知道手下这个毫不起眼的养马人就是大名鼎鼎的百里奚，不然定会重用。为了防止楚王起疑，秦穆公按照公孙枝的建议派人拿着五张羊皮到了楚国。楚王一看，区区一个养马的奴隶就让秦国奉上了五张羊皮，便高兴地答应了。就这样，年迈的百里奚终于入秦。

秦穆公十分赏识百里奚，随即就要封他高官。但是百里奚认为才能不如人，就又向穆公力荐了挚友蹇叔。可是秦穆公并没有听说过蹇叔的事迹，认为这是百里奚用来推脱的说辞，于是百里奚告诉秦穆公，由于蹇叔并不是一个追逐名利的人，所以他的才能一直没有被人发现。当初是蹇叔劝他远离齐国、周王子和虞国，但是他没有听从，由于他选择辅佐虞侯这才落到今日这般田地。

百里奚这样力荐蹇叔，秦穆公就派人去找他。正如百里奚所言，蹇叔是一个淡泊功利之人，但是他十分重视与百里奚之间的感情。当得知是百里奚推荐他入朝为官，重情重义的蹇叔也就没有过分推辞。到了秦国之后，蹇叔果然也得到了秦穆公的赏识。此后，百里奚和蹇叔二人成了秦穆公的左膀右臂。

局势分析

百里奚一生颠沛流离，到了七十多岁才终于在历史舞台上绽放出了光辉。不过，早年间的四处漂泊让百里奚充分了解了各国的风土民情和国际形势。可以说，这些在年轻时积累的经验为他后来在秦国的工作打下了坚实的基础。

透过秦穆公以五张羊皮换百里奚这件事，可以看出对于一个国家来说，君主的见识与眼光是多么重要。俗话说："千里马常有，而伯乐不常有。"慧眼识人是一项十分难得的能力。秦穆公任人唯贤，不被出身和表面现象所迷惑，而且在面对贤才的时候常常表现出谦卑平和的样子，这就使得他身边聚集了大批忠心耿耿的贤臣良将。

自从里奚和蹇叔答应辅佐秦穆公，秦国的综合国力就得到了快速的提升。秦穆公一下子获得了两位治国贤臣，秦国的崛起指日可待。相比之下，晋献公以好恶识人，疏远百里奚，就相当于同时失去了百里奚和蹇叔两位济世之才。

┃◀ 说点局外事 ▶┃

奴 隶

商周时期，在战败后成为奴隶的人非常多，战败即为奴。由于古代生产技术十分落后，战争是冷兵器战争，所以劳动力和兵力对国家来说尤其重要。据考古学家分析，不管是商代和周朝，国家都有掠夺战俘和人口的惯例。

商代曾经俘虏过大量的少数民族人口，这些人有的成了祭品，活下来的则变成奴隶。到了周朝，虽然用作祭祀的人口大量减少，但是变成奴隶的俘虏大大增加，这体现出当时人们思想的进步。根据《左传》来看，春秋时期有关战俘的记载相当之多。

实际上，春秋时期战胜国对俘虏的处理情况还是比较复杂的。一些有能力的人可以成为家臣或者仆人，有技术的人可以从事技术性的工作，但是这些人不可以结婚生子。因此，关于战俘的处理问题不可以一概而论。

当然，奴隶也有解放的机会，可以变成平民甚至奴隶主。比如说，一个奴隶有了功绩就可以获得奴隶主或者公家的豁免。在不同时期，掌握着奴隶的人的身份也不尽相同。

葵丘之会

昭陵之盟后，齐军暂时阻止了楚国军队北上作乱的嚣张气焰，这令齐桓公的威望如日中天。盟会之后，楚国答应再次朝贡周王室。

常年不受周王室管理的楚国愿意妥协，周天子自然十分高兴。按理说，这次征讨的功绩是属于齐桓公的，但是周惠王却将平定荆楚一事当成了自己的功劳。楚成王派人北上向周天子缴纳了上好的包茅。楚国使者刚一离开，齐桓公的使者就前来拜见。

齐桓公派人前来意欲何为呢？第一，作为平定荆楚地区的功臣，齐桓公自然不能默默地将功劳让给其他人。第二，这位使者也肩负着窥探周王室时局的责任。通过观察，使者发现周天子有废除嫡长子的意图，于是就回国报告了王室有可能出现内乱的消息。

周惠王的嫡长子是太子郑，郑接任周王室的权力是顺从天意和民心的，但是当太子的母亲去世后，周惠王的宠妃又给他生了公子带。公子带聪明机灵，十分善于奉承迎合，懂得讨好周惠王，因此深受宠爱。后来，周惠王甚至想要废黜已立的太子郑而改立小儿子公子带为储君。废黜嫡长子改立幼君，这实在是王室内乱的征兆。自从周平王东迁开始，周王室内部已经因为废立储君之事积压了大量的矛盾，由此产生了多次内乱。

很多人认为，如果没有各方诸侯的支持和扶植，当时的周王室早就在内乱中消亡了。到了周惠王这代，悲剧又要重新上演，这是齐桓公不能袖手旁观的。事实上，当时齐国之所以能够积累起如此雄厚的实力，很大程度上依赖于齐桓公正确的治国方略。当时，齐桓公打着"尊王攘夷"的旗号四处征讨叛乱。由于古时忤逆天子之意属于大逆不道之举，所以齐国才能在中原大肆施展拳脚。

作为一方霸主的齐国必须树立威望，于是发现王室内乱征兆的齐桓公开始想对策。根据使者的报告，王室内部的矛盾还没有严重到需要出兵镇压，因此，齐桓公想要在让太子顺利继承王位的同时彰显大国气势是一件很难的事。

这次，谋臣管仲又为齐桓公出了一个好主意，他建议桓公以诸侯想要拜见太子郑为由召开一次盟会，这样诸侯国就成了太子郑的坚实后盾。看到各个诸侯国都拥立现任太子，周惠王也就不敢轻举妄动了。齐桓公认为这是一个两全其美的好方法，就采纳了管仲的意见。公元前655年，为了稳定政治局势，齐桓公召集宋、鲁、陈、卫、郑、许、曹等国君主召开了八国会盟，会议地点选在首止。为了防止周惠王做出多余的举动，齐桓公命令送信的使者请太子郑代表周王室参加会议。齐国国力远胜于周王室，再加上齐桓公以诸侯意愿为借口，原本想要另派他人赴会的周惠王虽然内心不悦，也只得派太子郑出席会盟。

太子郑一到达会场，齐桓公就带领诸侯大礼参拜，这让他大吃一惊。齐桓公告诉太子郑，这次的会盟就是为了表达各个诸侯尊重太子、拥戴太子的意愿，因此让他完全放心即位之事。另外，齐桓公又让太子郑在会场地点多留几日，以显示诸侯对他的敬仰之情，这样就可以给周惠王造成一定的心理压力，使他不敢小看太子郑。

原本周惠王就因为太子郑参加会盟之事十分不快，如今太子郑又在会场久居不回，他更是龙颜大怒。身为天子，周惠王却要处处受制于齐桓公，这让他最终决定通过挑拨诸侯国之间的关系以削弱诸侯的力量。齐桓公成功伐楚之后，楚国已经宣布归顺于周王室，而北方大国晋国并没有与齐国联合，于是周惠王打算激化齐国和楚国之间的矛盾，再联合晋国为周王室的权力自由开拓出一条新的道路。

周惠王想要坐享其成，于是写信给归属于齐国联盟的郑文公，利诱他脱离齐桓公的控制，与晋、楚两国共同辅佐周王室。郑国曾经雄踞一方，现在却受制于齐，郑文公一直心有不甘。如今他接到周惠王的来信，看到优厚的封赏之后怦然心动，于是打算尽快离开会场首止。

郑文公手下的一位大臣奉劝他要谨慎行事。他认为，如果郑文公轻易脱离联盟就会失去援助力量，而一旦势单力薄就会陷入忧患之中，到时候再请求他国援助就很难了。但是一心想要重振大国之威的郑文公根本听不进去劝谏，而且手下也有其他大臣认为不可违抗周天子的旨意。就这样，郑文公逃离了首止连夜回国。

齐桓公听说郑文公在会盟结束之前归国，心中十分不悦。但是，会盟并没有因此中断。最后，除了郑国之外的几个诸侯国歃血为盟共同宣布要忠心辅佐太子郑。得到各路诸侯支持的太子郑十分感动，逗留了数日之后便回朝了。

话分两头，郑文公回到了本国之后便开始按照周惠王的指令与楚国交好，楚国虽然名义上归顺了周王室，但其实这只是权宜之计，楚王根本没有真正臣服的意思，而且时时刻刻打算入主中原地带。就这样，利欲熏心的郑文公和野心勃勃的楚成王很快达成协议。

郑文公的叛逃严重影响到了齐国的威望，齐桓公自然十分气愤。于是在郑文公与楚国密谋联合的同时，齐桓公也召集阵营内的诸侯准备攻打郑国。公元前653年，面对气势汹汹的齐国联军，郑国一方并没有硬碰硬。楚国选择围攻了齐国的盟友——许国，让齐桓公不得不放弃攻打郑国，前往援救许国。

过了一年，恶气未出的齐桓公再次带军攻入郑国。这一次楚国选择了袖手旁观，这让郑国一下子陷入了窘境。面对联军围攻，郑文公才终于后悔当初没有听从大臣的劝谏而轻信妄动。为了保全郑国的国力，郑文公听取大臣的建议写信给齐桓公求和，齐桓公欣然应允。之后，齐国又召集郑国在内的几个国家举行了会盟，郑文公由于心怀畏惧只派出了世子参加。可以说，郑文公叛离联盟没有为郑国带来一点好处，而且当郑国再次加入齐国阵营时已经丧失了国家的威信。

公元前 652 年，周惠王病逝。太子郑为了可以顺利登基，在派人请求齐桓公的帮助之后才为周惠王办了丧事。齐桓公在见到太子郑的使者之后便立刻召集诸侯会盟扶植太子登基，太子郑即周襄王。

周襄王深知自己能够顺利继承王位多亏了齐桓公的大力扶植，齐桓公也因此稳定了国家局势，维护了一方安定。于是，在公元前 651 年，齐桓公召集诸侯举行了声势浩大的葵丘大会。这次大会对齐国来说十分重要，周襄王派人参加了会盟，并将天子祭祀祖先的"胙"赐给了桓公。"胙"指的是一种祭祀用的肉，周襄王给齐桓公如此高的礼遇就相当于已经承认了齐国的霸主地位。

封赐时，周王室的使者告诉齐桓公可以免除下拜之礼，但是齐桓公还是按照礼制下拜受赐。在葵丘会盟，诸侯国再一次确立友好关系和治国方略，齐桓公的霸业也到达了顶峰。

局势分析

葵丘会盟上，参会的诸侯国重新交好，并且规定：各国要讨伐不孝之人，不可废长立幼、以妾代妻；要重视培养人才、尊重贤才；等等。这次会盟确定了齐桓公在诸侯国的霸主地位，但是这种盛世并没有持续太长时间。齐桓公好色，在成为霸主之后更加肆无忌惮。在他死后，齐国内部矛盾激化，各方争权夺利内耗严重，使得齐国的霸业很快走了下坡路。

不过，俗话说"瘦死的骆驼比马大"，即使后来的齐国中道衰落却仍然蹒身大国之位。不得不说，齐桓公为后世子孙留下了十分雄厚的资本。

说点局外事

嫡长子继承制

商朝末期，嫡长子继承制开始出现。所谓嫡长子，从狭义上指的是正室所生的大儿子，而人们口中的庶子则是指正妻以外的人生的儿子。庶子的地位相对较低，没有继承家业和父辈职位的权利。

周朝确立嫡长子继承制的目的在于稳定局势，解决财产与王位继承的问题：嫡长子继承王位，而其他庶子则可以得到分封，并被派往全国各地。这样一来，就确保了周王室的统治地位。从积极的层面看，嫡长子继承制可以维护王室的秩序。但是纵观我国历史，正是这一制度导致了宫廷政变的频频发生。

由于嫡长子继承制的施行，那些没有才能甚至是残暴的人也可以登上王位，而且整个国家还必须采取拥护的态度，而那些志向高远且拥有治国才能的人却有可能受到迫害，只因为出身不同便失去机会。具体来说，这个制度规定了"立嫡以长不以贤，立子以贵不以长"，即出身决定一切。

第四章　衰落之音

　　早年的晋献公和齐桓公都是十分有作为的君主，但是由于晚年时期昏聩，偏听偏信，导致国家陷入了争权夺位的混乱之中。晋献公病逝之后，晋国朝政混乱不堪。秦、晋韩原之战让秦国在诸侯国之间确立了更高的威信，秦穆公也获得了非常好的口碑，不过，晋国的混乱并没有因此结束。齐桓公由于不听管仲的劝告，大肆任用奸臣，最终的下场十分悲惨。齐桓公死后，齐国的霸主之位一去不复返，打破了诸侯国之间势力的平衡，连宋国这样实力算不上强大的国家都企图取代齐国在国际上的地位。

晋国内乱

　　晋献公即位之后，他消灭了曲沃庄伯的后代，为自己的统治扫清了障碍。公元前 672 年，晋国在骊戎的交战中取胜。晋献公是一位十分有作为的君主，但是由于晚年时期过于宠信骊姬，偏听偏信，导致晋国陷入了争权夺位的混乱之中，为将来的三家分晋埋下了祸根。

　　晋献公的夫人并没有为他生下子女，妃子齐姜生下了儿子申生和一个女儿，犬戎的两位公主则分别为晋献公生下了重耳和夷吾。从年纪上来看，重耳年长于申生，但是按照当时立嫡不立庶的制度，只有申生才能被封为世子。不过，所幸三位公子的关系密切，看不到争权的迹象。

　　后来，晋国与骊戎之间开战。最终骊戎战败，向晋献公献上两位美女求和，其中一位叫骊姬，另一位叫少姬。后来，骊姬生下一子名为奚齐，少姬生下一子名为卓子。骊姬较少姬年长，且聪明绝顶、善于迎奉，十分善于揣测晋献公的心思。晋献公十分迷恋骊姬，在骊姬的蛊惑下动了废黜齐姜的念头。

不过晋献公知道，如果没有正当的理由就废黜正后是会引起骚乱的，于是他就想借占卜的名义成全骊姬。没有想到，占卜的结果在他意料之外：废黜齐姜而改立骊姬会引起大乱。实际上，此时的晋献公根本听不进这些占卜之言，寻人来占卜也不过是打个幌子。于是他不管不顾地改立骊姬为夫人，少姬为次妃。

晋献公不安章法办事，引起了朝中大臣的不满。有的大臣借由夏商为例说晋献公此举是亡国之道：夏桀因为过于宠爱妹喜而亡国；商纣王则由于被妲己迷惑而导致商朝灭亡。也有大臣认为晋献公如此宠爱骊姬会引起骚乱。

晋献公不知他宠爱的骊姬其实心计颇深。在以美貌和甜言蜜语吸引了晋献公的全部注意力之后，她就开始谋划废立储君之事。自古以来，很多贤明君主在取得了一定的成就之后便会忘乎所以，或者被身边的美人迷得团团转。骊姬抓住了晋献公的心理，想尽办法让君主甘愿为自己放弃江山。

按照制度，骊姬的儿子奚齐是不可能被立为继承人的。更何况，齐姜之子申生是一个很有统治才能的人，朝野上下都对他敬重三分。如果毫无缘由地怂恿晋献公废黜申生，不仅会因为违背了旧制而激起朝中重臣的反对，还有可能令晋献公产生厌恶，一旦自己和儿子的地位不保那么就前功尽弃了，实在是得不偿失。此外，骊姬清楚，即使除掉了申生，他的两个兄弟重耳和夷吾也会是奚齐前进路上的绊脚石。由此看来，想要鼓动晋献公废嫡立庶她还要多费一番周折。

为了让奚齐早日登上君主之位，骊姬日日苦思冥想，最终决定借助朝中的奸臣挑拨晋献公和申生的关系，之后再怂恿晋献公废黜太子。当时的骊姬在朝中并没有亲信，所以她必须从头开始经营。

通过观察，骊姬把注意力放在了朝中佞臣梁五等人的身上，但是骊姬身在后宫并没有机会直接接触这些人，于是她派出在宫中与他私通的人暗中拜访梁五。佞臣梁五深谙政界之道，看到骊姬的使者带着重金拜访便也开门见山地询问意图。当时的骊姬深得晋献公宠爱，梁武早就有心接近，于是在听到骊姬的请求后，他爽快地答应帮助骊姬改立奚齐为继承人。

后来，梁五找到机会向晋献公献计让太子申生镇守曲沃，重耳和夷吾镇守其他两个重镇。他谏言，由于曲沃曾经是桓叔封地，祖庙所在，如果不派值得信任的人前去管理很难获得民心。另外，蒲城和南北二屈紧邻戎狄，是军事重地，只有公子这样可信的人驻守才能使君主安心。

在骊姬和梁五等人的连番鼓动下，晋献公最终听进谗言，不顾朝中大臣们的反对将三位公子分封到全国各地。太子申生离开国都之后，骊姬便封锁了他和晋献公之间的联系，并着手诬陷三人。

骊姬没有想到，离开国都的太子申生仍旧显示出了他过人的治理才能和魅力。到达曲沃之后，申生将这一地区治理得井井有条，深得民众的敬仰，声望进一步提高。情况的发展与骊姬原本的计划背道而驰，这让她十分焦虑。

实际上，在太子申生刚刚离开国都不久，骊姬就在晋献公身边诋毁申生，她告诉献公太子在曲沃收买人心，有谋反的迹象。虽然晋献公在听到骊姬的话之后十分愤怒，逐渐疏远了申生，但是并没有想要杀掉他的念头。不得已之下，骊姬变换了手段。

骊姬以想念太子申生为由邀请他回到国都居住一段时间，她告诉晋献公这是她与申生调节矛盾的好机会，献公就爽快地答应了骊姬的请求。申生回到国都之后，骊姬多次在宫中摆下酒宴款待他。太子申生根本没有想到这是骊姬的一条毒计，于是毫无戒备地参加了宴会。看到时机成熟，骊姬假装向晋献公哭诉，控告太子申生对她图谋不轨。不过，申生一向声誉很好，所以晋献公不太相信骊姬的话。骊姬一看一计不成随即又生一计，她装作十分生气的样子对晋献公说："我明天与太子在花园相见，如果您不信，就来亲自看一看。"

晋献公半信半疑，但还是决定在第二天暗中观察二人。为了制造太子轻薄无礼的假象，骊姬在出门之前在头发上涂抹了蜂蜜吸引蜂蝶到她身边。在与太子相见的时候，骊姬装作受到惊吓的样子请申生为他赶走蜂蝶，申生不知已经身中圈套，就好心地为他赶走了蜂蝶，而这一幕恰巧被晋献公看到。

不知实情的晋献公以为太子申生轻薄骊姬，气得想要杀掉申生。这时候，骊姬又装模作样地为太子求情，以这件事有辱颜面为由劝晋献公不要杀掉太子申生。晋献公偏听偏信，觉得骊姬说得有道理于是忍了下来。可是这件事使得太子申生在晋献公心中的地位一落千丈。

不久之后，骊姬借着晋献公的名义通知申生准备祭祀用的物品，申生丝毫没有怀疑此话的真假便按照规矩进贡了祭品。物品运到国都之后，骊姬趁着晋献公未归在食物中下了毒。当晋献公打猎回来准备进食，骊姬又装作关心的样子，奉劝晋献公检查一下这些外来的食物。经过检查，晋献公发现这些食物中有毒，顿时勃然大怒，宫中也陷入一片混乱。经过此事，毫不知情的太子申生被迫自杀，骊姬除掉太子申生的目的达成了。

不过，骊姬并没有因为除掉太子而收手。她知道重耳和夷吾与太子的关系紧密，如果想要永绝后患就必须将这二人也杀死。为此，骊姬故技重施，在晋献公面前诉苦说担心重耳和夷吾认为是她害死了太子申生。没过多久，原本想要觐见晋献公的重耳和夷吾半路返程，这让晋献公认定他们也是太子申生的同党，于是起兵讨伐。

重耳闻讯十分震惊，便在狐毛与狐偃的保护下出逃至狄。重耳的追随者中有不少贤臣良将，其中有人建议重耳带兵直接杀回国都取得君位。这个做法可以让公子重耳免除流亡之苦，但是会让他落下弑父篡位的坏名声，即使获得君位也无法服众。经过一番思虑，众人决定跟随着公子重耳流亡国外。

另一方面，夷吾听说晋献公发兵前来讨伐时也迅速出逃至靠近秦国的梁国，盘算着将来借助秦国的力量重归晋国。

至此，骊姬害死了太子申生，又将重耳和夷吾赶到了国外，扶植奚齐登基的目的终于达成了。公元前651年，晋献公病危。去世后，晋国陷入了公子争权夺位的混乱局面之中，元气大伤。

局势分析

年轻时的晋献公是一个头脑精明的政治家，为晋国的发展打下了坚实的基础。但是到了晚年，他却因为过于宠爱骊姬而逼死了颇具政治才能的太子申生，公子重耳和夷吾也因此不得不流亡国外，晋国的根基受到损害，出现了"无公族"的局面，国力开始衰弱，更无力阻止外姓大臣的谋逆之举。

公子重耳虽然流亡国外，但是他的追随者中不乏有识之士，晋献公不明事理的举动也让朝中一些大臣不再想要为其效力，纷纷追随重耳而去，而正是这些贤良为将来公子重耳的崛起铺平了道路。

说点局外事

寒食节的起源

寒食节是我国的一个传统节日，在这一天，人们不使用烟火，只吃寒食。寒食节是从晋文公时期开始推行的，最初的目的是纪念介子推。

公子重耳流亡他国期间，介子推曾经在救过他的命。介子推是重耳的一名亲信，在晋国政变之后跟随着重耳流亡国外。一次，重耳由于饥饿昏倒了。为了救助重耳，在没有任何食物的情况下，介子推将自己腿上的一块肉割下、烤熟，之后让重耳吃了下去。

介子推这一舍身的行为帮助公子重耳渡过了难关。但是，重耳登基之后却忘记了介子推的贡献，只封赏了其他曾经与他共患难的忠臣们。后来，有人提醒晋文公介子推割肉救主的事迹，晋文公这才想起来，于是决定好好补偿介子推。没想到，介子推竟然几次拒绝了晋文公的邀请，拒不前来。无奈之下，晋文公决定亲自到介子推家中拜访。

当晋文公来到介子推的家中时，介子推已经带着老母亲躲进了山中。晋文公带着人马四次三番寻找一没有找到介子推母子。见介子推如此不愿意见到晋文公，晋文公身边有人提议：放火烧山。他们认为，一旦放火烧山，介子推定会因为畏惧火势而逃出山中，到那时晋文公就可以见到介子推母子。

晋文公也没想太多就采纳了这个意见，命人大火烧山，逼介子推出现。没有想到，这一举动竟然让晋文公失去了一位良臣。这场大火足足烧了三天也未见介子推母子出来。于是在火势平息了之后，晋文公命人搜山寻找，最后终于找到了介子推母子，但找到的却是二人抱着大树的尸体。

见状，晋文公十分悔恨。大哭了一场之后派人厚葬了介子推，并为他建了祠堂，规定在每年的这一天全国都要禁止使用烟火，以纪念介子推。寒食节就这样一直延续了下来。

秦晋韩原之战

公元前 651 年，晋献公病逝。经过内乱的晋国朝政混乱不堪，外姓大夫里克犯上作乱。里克原本是一员虎将，太子申生的大力拥护者。申生被害后，里克接连杀了奚齐和卓子两位君主。看到晋国如此混乱，出逃在外的公子夷吾请求秦国出兵帮助他回国继承君位，并约定事成之后将黄河以西送给秦国以示感谢。

当时秦国的君主秦穆公答应了公子夷吾的请求，并帮助他顺利回国即位，史称晋惠公。可是，秦穆公没想到公子夷吾是个不讲信誉的人，他在成为晋国君主后便背信弃义地破坏了约定，这件事让秦穆公十分恼火。

相对来说，秦穆公是一个仁义而又宽容大量的君主，虽然晋惠公单方面违约在前，但他仍不计前嫌，在晋国遇到饥荒时出手相助。可是，晋惠公并没有因此感谢秦穆公，并且在秦国遭遇饥荒之时拒绝提供帮助。晋惠公忘恩负义的举动彻底激怒了秦穆公。公元前 645 年，秦国在秦穆公的治理下度过了饥荒，恢复了元气的秦国开始大肆进攻晋国。

秦穆公在任期间很有作为，使得秦国的国力日渐强盛。面对秦国的大军压境，晋军显得十分弱小，屡战屡败，最后军队退到了韩原一带。晋惠公这下子着急了，向大夫庆郑讨要对策。原本大夫庆郑就认为晋惠公以怨报德的做法不正确，于是面对当下时局他表示无力回天。

晋惠公在这次出征之前，依靠占卜选择随军的人员配置。占卜的结果显示庆郑是车右的人选，但是晋惠公却因为之前的事判定庆郑对自己无礼，于是没有遵循占卜的结果。

启程时，庆郑发现晋惠公用他国的马匹驱车，就建议他更换本国的马匹。这是因为，本国的马匹比较有灵性，会更了解驾车人的心意，再加上它们熟悉本地的地形道路，主人无论什么时候使用都能得心应手。相比之下，他国的马匹不受管教，不熟悉道路，一旦上战场遇到刺激就有可能不听指挥地随意走动。不过，晋惠公依然一意孤行，听不进庆郑的劝谏。

迎敌之前，晋惠公派大夫韩简观察敌情，韩简探查回来禀报晋惠公说：虽然秦国的军队人数比我们少，但是请求参战的人却比晋军多得多。晋惠公不解，就问韩简其中的原因。韩简表示，秦穆公多次对晋国施与援手（晋惠公在流亡期间、归国即位之时和晋国遇难之时），但是晋国非但没有报恩反而与之对战，因此晋国兵士心中没有底气，精神懈怠。由此可见，多次背信弃义的晋惠公确实不得人心。

很快，双方在韩原对战。晋惠公亲率大军出征，后来由于战马陷在泥中而无法回归军中，便要求庆郑救他。晋惠公不听劝谏早就惹得庆郑心中不悦，于是他没有理会晋惠公，径直离开了。秦穆公趁机带人想要活捉晋惠公，不料晋惠公逃走，秦军反而被晋军包围。危急时刻，几百名曾经受到秦穆公恩惠的乡下人突然出现，局势反转，秦穆公脱险，晋惠公被抓。

战败后，晋国的大臣个个披头散发表示要跟随秦穆公。秦穆公百般辞谢，但是众人已经决意听候吩咐。晋惠公的姐姐秦穆夫人听说晋国战败而且秦军即将凯旋而归，就命人穿着丧服迎接秦穆公，并带着儿女登上高台准备自焚。使者向秦穆公表达了秦穆夫人的意愿：秦、晋两国君主不能以正常的方式见面，这是上天降下的灾祸。如果晋惠公进入国都，她便自焚。若是早上进入，她晚上自焚；若是晚上进入，她就在第二天清晨殒命。

秦穆公一看夫人以性命相要挟，一时间也没了办法。秦国大臣建议秦穆公不要理会秦穆夫人而把晋惠公带入都城，但是秦穆公认为打胜仗应该是一件令人高兴的事情，如今晋国的大臣竭尽全力感动自己，而且一旦进城就要发丧，这是加重晋国人民悲痛的举动。如果不考虑国民的心情，就会遭到怨恨，违背天意是不吉利的。

秦穆公思来想去，最终决定放晋惠公回国。之后双方在王城举行和谈，晋国派出了阴饴甥做代表与秦穆公签订盟约。

会谈之中，秦穆公询问阴饴甥晋国内部是否团结，机智的阴饴甥回答：晋国内部一部分人表示要报仇雪恨，但是贵族君子们则要报答秦国的恩惠，修治甲兵等待听从秦国的差遣。阴饴甥的回答表明他们虽然爱护国君，但是也不包庇他的过错，暗示了晋国国内的不和睦。

之后，秦穆公又问阴饴甥：是否应该释放晋惠公？阴饴甥依旧没有正面回答他，而是站在秦国利益的角度分析了释放晋惠公的结果。他表明，韩原一战将是秦国称霸的一战。秦穆公听了阴饴甥的回答之后十分满意，随即为晋惠公重新安排了住处，并在赠送了礼品之后将他送回了晋国。

眼看晋惠公即将回国，有的人劝庆郑快点出逃，但是庆郑却认为自己并没有尽到为人臣的职责，而且即使流亡也无处可去。最后还是留了下来。不出所料，晋惠公在回到国都之前就处死了庆郑。

当年，晋国再次遇到饥荒灾害，秦穆公依然没有计较前嫌，通过赠送粮食帮助晋国度过了困难。不过秦穆公表明了态度：他虽然很痛恨忘恩负义的晋惠公，但是却不忍心看着晋国的百姓受冻挨饿。他现在积攒德行是为了等待晋国的复兴。

晋惠公回国之后，就将黄河以西的土地割让给了秦国，没过多久秦穆公就在黄河东部设置了官吏并且开始征收赋税。公元前 643 年，晋惠公将本国太子送到秦国做人质，作为交换秦穆公将宗族之女许配给晋国太子，并将黄河东部地区归还给了晋国。

局势分析

晋惠公多次背信弃义，最终激怒了秦穆公，双方的矛盾最终演化为战争。秦、晋韩原之战让秦国在诸侯国之间确立了更高的威信，秦穆公也获得了非常好的口碑，人们钦佩他是一个宽容大度、重信重义的明君。

晋惠公几次三番的背信弃义让他逐渐失去了民心，就连手下的大臣都对他的行为颇有微词。因此，在与秦军的对战中晋国士气低迷，一战即溃，最终秦穆公抓到了晋惠公取得了胜利。如果不是晋国一些贤良大臣和秦穆夫人的以死相逼，晋惠公很有可能直接被杀死。

不过，晋国的混乱局面远远没有结束。晋惠公死后，晋国太子偷偷逃回晋国继承了君位，这让秦穆公十分生气，并把女儿改嫁给了晋公子重耳，试图帮助重耳归国争权、开创霸业。

说点局外事

秦穆公失马赠酒

秦穆公在岐山有个马场，里面有很多马。一天，一匹马跑了出去被附近的山民看到。这些人从没有见过这么好的马，便将它抓到后立即杀掉。之后，三百多人将这一匹马吃得干干净净。看马的官员害怕秦穆公怪罪，便将这三百多人都抓了起来听候秦穆公的处决。秦穆公得知此事，非但没有降罪，反而对那些山民说道："我听说只吃马肉却不喝酒是会伤身的。"说完赐给山民酒喝，山民很是感激秦穆公，认为秦穆公真是一位有道明君，他的礼贤下士和谦虚不是装装样子，而是身体力行。

几年后，秦穆公与晋惠公交战，秦穆公的军队陷入险境，被晋军层层包围。危急时刻，包围圈竟然被硬生生地撕开一个口子，随后一队人马冲了进来。这些人作战骁勇，完全将自己的生死置之度外，最终以闪电之势救出了秦穆公。

秦穆公因为不知道这些人是什么人所以感到十分奇怪，领头的人说道："我们从前偷吃了您的马，您不但没有斩杀我们，还赐给我们酒喝。我们都很感激您，这次就是来报恩的。"秦穆公这才明白了是怎么回事，想想当初，若是自己一念之差，今天就未必能活着回去了。与其说是这些山民救了秦穆公，不如说是秦穆公救了自己，是他的仁德救了自己一命。

齐桓公之死

早年的齐桓公可以称得上是一代枭雄，但是晚年却十分昏聩，他不听管仲的劝告，大肆任用奸臣，最终的下场十分悲惨。

齐桓公即位后，笼络天下人才，拜相管仲。在管仲的辅佐下，齐国大刀阔斧地进行了一系列改革，促使国力迅速增强。在国际上，齐国高举"尊王攘夷"的旗号团结诸侯，举行九次多国会盟，获得了极高的声望和地位，中原诸侯国对齐国十分信服，齐桓公因此成了春秋五霸之首。

公元前 645 年，齐国名相管仲病重，病榻之上仍不忘国家大事。管仲病危之时，齐桓公前来探视病情。管仲深知命不久矣，就让齐桓公选择可以继任丞相之人。齐桓公问管仲："朝中的大臣，有谁可以接替丞相的位置呢？"管仲并没有直接回答齐桓公，而是对他说："普天之下，君主最了解臣子。您觉得谁能够担此重任？"听到这话，齐桓公说："鲍叔牙。"鲍叔牙的确有治世的才能，但是为人过分正直清明，因此管仲轻轻摇了摇头说道："鲍叔牙是个君子，善恶分明，疾恶如仇，并不适合。"

当时齐桓公身边有几名宠臣，包括易牙、竖刁、开方等。

据史料记载，齐国菜是我国最早的地方菜，易牙则是厨师的祖师爷。易牙烹调的技术很高，是春秋时期十分著名的厨师，他做的食物深得齐桓公的喜爱，因此成了齐桓公的宠臣。

易牙对齐桓公的奉承和讨好已经到了令人发指的地步。齐桓公曾经在无意中对易牙开玩笑说他已经尝遍了天下的美食，唯独没有吃过人肉，这让他有点遗憾。过后齐桓公本没在意这件事，没有想到易牙却对齐桓公的这句玩笑话上了心，冥思苦想怎么样才能让齐桓公在吃上人肉的同时卖弄一下自己高超的厨艺，以博取齐桓公的欢心。易牙心想，国主万金之躯，自然是不能吃普通人的肉，想来想去，最后他把自己的儿子杀掉为齐桓公做成了食物。当齐桓公得知易牙为了满足他而杀了亲生骨肉时十分感动，认为易牙对他的忠心已经胜过了父子之情，此后就对易牙万般宠信。

齐桓公宠妃多，子嗣也多，竖刁不惜自行阉割，仅仅是因为齐桓公想要找一个可以信赖的人料理后宫琐事。齐桓公见他如此忠心，就放心地将后宫之事托付给了他。

齐桓公的另外一个宠臣开方原本是卫国的太子，卫懿公的儿子。齐桓公曾经率兵攻打卫国，卫国实力弱小无法抵挡，只得派太子开方前去和谈。开方看到了齐国的强盛之后十分心动，就在会谈结束后主动提出留在齐桓公身边侍奉。齐桓公问开方："你是卫国的太子，将来会接替父亲的位置成为君主，那么你为什么会选择放弃太子之位而来到齐国呢？"面对齐桓公的疑问，开方趁机大肆赞扬了他。开方解释说：自己甘愿侍奉齐桓公是因为齐桓公是有道明君，能侍奉齐桓公是自己的荣幸，而这远远胜过做卫国的国君。齐桓公听到开方的话之后心花怒放，就将他留在了身边。开方为了表示对齐桓公的忠心，父母去世之后都没有回国吊唁。

话分两头，齐桓公见推举鲍叔牙的意见被管仲否定，齐桓公就问："易牙怎么样？"易牙为了讨好齐桓公而杀了自己的孩子，管仲就说："如此没有人性的人，怎么能够拜相呢？"之后齐桓公推举开方，管仲再次否定："开方为了侍奉您，连父亲的丧事都不参加，这有悖人伦常理。况且开方曾经是千金之躯，他的野心肯定很大，如果重用他，齐国一定会遭遇祸乱。"齐桓公又问："那么竖刁怎么样呢？"竖刁为了帮助齐桓公管理后宫，甚至不惜自残，所以齐桓公对他十分信任。管仲却说："竖刁的行为违背了常理，此人不能亲近。"

商讨了半天，齐桓公也没有找出一位合适的人选。管仲看到齐桓公表现出左右为难的样子就推举了隰朋。隰朋谦虚谨慎、一心为公、恪尽职守，而且是一位自我要求比较高的君子，管仲建议齐桓公考虑将隰朋封为下一任丞相。另外，他千叮咛万嘱咐，劝齐桓公远离易牙、竖刁和开方几位宠臣。

这件事之后，齐桓公与管仲的对话内容被易牙得知。易牙对于管仲的说辞十分不满，就私下里找到了管仲的好友鲍叔牙，想要挑拨两人之间的关系。易牙没有想到，鲍叔牙在听了他的话之后反正笑了起来，称管仲做得对，是在为国家的将来考虑。易牙挑拨不成，只得灰溜溜地离开了。

管仲去世之后，齐桓公遵照他生前的嘱咐将易牙等人赶走，并封隰朋为新相。齐桓公原以为只要听了管仲的话提拔隰朋，齐国就可以永世无忧了。没想到世事难料，隰朋在管仲去世的第二年也撒手人寰。这之后，齐桓公每天愁眉不展。

易牙、竖刁、开方等人离开后，齐桓公感觉生活不再舒适。为了排解忧愁，他又将几位宠臣请回了朝中，而且官复原职。为了获得心理安慰，齐桓公还将所有的过错都归咎于逝去的管仲。

公元 643 年，齐桓公病重，无法再继续把持朝政。易牙、竖刁等人一看机会终于到来，便在宫门口建起来宫墙，将齐桓公封在了内宫。另外，几人还怂恿齐桓公的几个儿子争夺下一任君主之位，于是齐桓公的五个儿子在奸人的鼓动下开始手足相残。

齐桓公病重后，身边的侍从全部都被驱赶。没有水和食物，很快齐桓公就去世了。齐桓公死后很久，才有人想起来这个曾经呼风唤雨的中原霸主。之后，曾经不可一世的齐国出现了内乱争权的混乱局面，国力迅速衰落。

齐国曾经称霸中原，具有号令天下诸侯的实力。但是，齐桓公晚年的昏聩，不仅使他自己落得了个悲惨的下场，还引发了齐国内部的混乱。齐桓公死后，他的几个儿子为了争夺大权致使齐国内部鸡犬不宁。由于他们整日忙于争斗，所以齐国政权长期处于放置状态，无人处理国事。这时，朝廷中的一些权臣势力开始崛起，并逐渐掌握了国家的军政大权。

齐国的霸主地位一去不复返，打破了诸侯国之间的势力平衡，很多大国，甚至宋国这样的国家都开始企图代替齐国成为新的霸主。

说点局外事

庭燎招士

庭燎招士指的是利用庭燎之礼招揽天下英才。可以说，这是最高级别的接待之礼了。庭燎招士的法子是由齐桓公想出来的。所谓"庭燎"，指的是在院子中点燃火把。

春秋争霸时期，齐桓公野心勃勃想要让齐国成为霸主。他深知，国家的发展需要大量的贤臣良将，重用大批忠臣才有称霸的可能，于是他就大张旗鼓地设下庭燎之礼，满怀期待地等着贤才到来。但是没有想到，他等了整整一年都没有等来一位贤才。

这让齐桓公很是纳闷，他认为庭燎招士定能表现出他求贤若渴的心情，但不明白为什么连一位贤士都无法招来。齐桓公继续等着，直到有一天，有一位老人求见。齐桓公以为终于有贤才登门，便十分高兴地接见了他。齐桓公问这位老者有什么才能，没想到这位"东野鄙人"竟然说自己懂得九九算术。

齐桓公一听认为这位老者的行为十分荒谬，就嘲讽他说九九算术并不算特长，连孩子都会。意思是不愿意接纳他。这时候这位老者突然严肃地告诉齐桓公，他之所以在一年之内都等不到一位贤才上门，正是因为他招贤纳士的声势过于浩大，导致人们认为他想要的人才一定都是精英中的精英。世间不少拥有才华之人，都因为自认为能力不足而不敢前来。然而，如果他们听说一位只懂得九九算术的老人都能得到重用，一定就会趋之若鹜了。

　　齐桓公听到老者的话之后茅塞顿开，才发现这位老人并不是寻常之辈，于是以隆重的礼仪接待了他。这件事流传到民间之后，果然吸引了很多有识之士登门应招。很快，齐桓公的身边就围绕了大批贤能之人。

宋楚泓水之战

　　楚国自从和齐国签订召陵之盟后，北进的计划受到阻碍，只好转而向东谋求发展。此时的楚国，已经拥有了现在的河南南部和安徽北部的地区。齐国虽然暂时占得先机，但是自从齐桓公去世之后，齐国的政坛就出现了动荡不安的局面。齐桓公尸骨未寒，他的儿子们便展开了残酷的王位之争。由于齐桓公在位的时候就将太子昭托付给宋襄公，所以在这次帝位争斗之中，太子昭得以逃到宋国寻求庇佑。

　　宋襄公看到齐国内乱不断，就仗义兴兵，打算率领诸侯平定齐国的内乱。他联合卫、曹、邾等国，将太子昭护送回国继承齐国的君位。太子昭即位，即为齐孝公。由于这场内乱，齐国的霸主之位开始动摇，并逐渐走向没落，中原地区也陷入混战之中。

　　宋国凭借着稳定齐国局势之事赢得了一些声誉，地位在其他诸侯之上，这个时候的宋襄公开始自大起来，于是他就自以为仁义昭著，让诸侯们奉自己为霸主。公元前641年，宋襄公邀请曹、邾、鄫等国在曹都举行会盟，共同商量对付楚国的策略。会盟的时候，因为鄫国的国君迟到，宋襄公当时就惩罚了他；又因为曹国没有尽地主之谊送羊给他，在这年的秋天，宋国就兴兵攻打曹国。

　　诸侯们很快开始对宋襄公的乱施淫威表示反感。于是，陈国提议在这年的冬天，鲁、陈、蔡、楚、郑、齐等国在齐国集会，以追念齐桓公的名义来表达对宋襄公所作所为的不满。宋襄公看到中原的诸侯们不再听取自己的号令，于是想借助齐国和楚国的军事力量镇压诸国。

　　公元前639年，宋襄公约齐孝公和楚国人在鹿上（今安徽阜阳南）见面，并约定于这年秋天在盂地结成联盟。宋襄公的弟弟公子目夷对于楚国痛快答应结盟之事深感忧虑，就劝宋襄公说：宋国本是小国，小国要争当霸主自然不会有好结果。但是，由于当时诸侯霸主的诱惑实在太大了，这些逆耳的忠言宋襄公根本听不进去。宋襄公前往盂地动身之前，公子目夷又提醒他：楚国人一向不讲信用，为防有变，一定要带上军队。怎奈宋襄公听后却迂腐地认为自己应该遵守自己提出的不带军队的会盟建议，只带了一些随从就赶去赴会了。

果然，在会盟之时，楚人派出了早已埋伏好的军队发动突袭，宋襄公被囚。之后，楚国以宋襄公来要挟宋国。公子目夷伺机而逃，回到国内之后，团结宋国的国民抵抗楚国的大军。楚国见被抓的国君对自己毫无意义，恰逢此时鲁僖公又出面进行调节，于是楚国人就送了个顺水人情，释放了宋襄公。宋襄公回国之后，对楚国言而无信的行为深恶痛绝，同时对诸侯们见死不救的行为也很恼怒。但无奈怒气无处可发，于是，曾经在春秋初期短暂称霸而后来却衰落的郑国成了他的出气筒。

郑国当时为了生存，像墙头草一样在楚国和中原诸侯国之间的夹缝中左右摇摆。宋襄公就联合卫、许、滕等几个小国一起对郑国发起进攻，郑国只能向他的盟国楚国求救，楚国随即派兵救援。本想要报上次之仇的宋襄公，更加竭尽全力准备同楚国交战，大战一触即发。

公元前638年，宋国和楚国的军队在泓水（今河南柘县北）相遇。宋军在北岸列阵等待的时候楚军正在渡河，宋国的司马公子目夷认为楚国的军队人数众多，建议宋军应趁楚军渡河混乱的时候发起进攻，然而宋襄公因为顾及仁义之师的名声断然拒绝了目夷的建议。

当楚军渡过泓水，正因为排兵布阵发生混乱的时候，公子目夷又劝宋襄公：趁楚军还没有稳定下来，可以对楚国发起进攻。宋襄公再次拒绝了目夷的建议。等到楚军排好阵仗，他才下令击鼓进攻。楚军采取两翼包抄的战术，让宋军四面受敌陷入困境，虽然宋襄公本人英勇杀敌，但还是因为两军的实力相差悬殊而败下阵来。结果，宋军伤亡惨重，宋襄公虽然凭借死战得以突围，但腿部却被重伤。第二天，在楚军乘胜追击时恰逢河水暴涨，一千多名楚军被淹死。由于这次意外，楚军不得不撤军回朝，泓水之战遂告结束。

宋军战败之后损失惨重，朝野上下对宋襄公不听公子目夷意见的行为颇有不满，但他却不以为然。不久，宋襄公因为泓水之战的箭伤复发去世，他的霸王之梦也随之成了笑柄。

局势分析

"仁"是中华民族最为重要的传统精神。"仁者"也是人们对于忠厚长者的最高评价。仁爱的人，向来是能够得到大家的认可和称赞的，像"仁者寿"等说法，就是人们对于仁者衷心的祝福和肯定。宋襄公也经常以"仁者"自居，但是他的"仁"总是包含着利己的因素，而真正的"仁"却是利他的。如果人们将自己的别有用心称为仁义的话，那就是假仁假义了。

宋襄公对"仁义"的理解还相当刻板。实际上，真正的仁义并不是刻板教条地遵守一些礼制，而是拥有真正长远的眼光和魄力，并且做出于国于民有利的事情。

说点局外事

中国古代的"仁义"

宋国的势力并不是很强，在与楚国的争斗中，宋国大败，损失惨重。宋襄公本人也没有过人的胆识，因此很多人不理解宋襄公能够被列入"春秋五霸"的原因。

实际上，一部分学者认为宋襄公可以称为春秋五霸的原因在于中国古代重视的"仁义"。也就说是，宋襄公是因为"仁义"而称霸一方的。虽然后世对他所谓的"仁义"有着褒贬不一的评价，但是他的守信与宽厚确实得到了一部分人的推崇。

我国古代的人们十分推崇"仁义"，这一说法原属于儒家的理论。所谓仁之人，指的是宽容，懂得关心他人、为他人谋福祉的人。儒家认为，能爱人者即为仁者。所谓"义"，指的就是在他人有困难的时候出手相帮。

爱与正义贯彻了整个儒家学说，虽然春秋时代礼崩乐坏，但是人们还是打心底崇敬仁义之人。

第五章　秦国战略转移

晋国内乱之后，晋国公子重耳在秦国的帮助下登上了君位。公子重耳就是大名鼎鼎的一代霸主——晋文公。晋文公颇具治国才能，在他的治理之下，晋国国力蒸蒸日上。秦穆公没有想到，他苦心扶植的公子重耳在归国之后励精图治，很快使晋国成了中原霸主。秦穆公有着称霸中原的野心，但是面对强大的晋国只能选择与其结盟交好。公元前 627 年，秦、晋两国之间在崤山进行了一场大战。经过这一战，晋国制止了秦国不断东扩的势头，给秦国造成了不小的打击。秦穆公感受到了晋国的强大，知道强攻东扩是不现实的，于是转而向西讨伐西戎谋求进一步发展。

秦晋交好

公子重耳即后来的晋文公，他是一个十分谦逊的人，重视贤才，善于结交有识之士。晋国内乱，公子重耳被迫流亡国外。多年间，他辗转各地饱尝艰辛。天无绝人之路，晋怀公与秦穆公交恶之后，公子重耳在秦国的帮助下重归晋国，杀死了晋怀公成为晋国国君。

晋献公死后，晋国陷入了动乱之中，多方势力为晋国公子的即位问题大打出手，秦国也趁机多次参与其中。晋惠公在秦穆公的帮助下即位之后多次背信弃义，最终导致秦、晋之间爆发了一场战争。战后，晋国太子被送到秦国做人质。虽然秦穆公待他不薄，可是太子还是在得知晋惠公的情况后丢下妻子（秦穆公之女怀嬴）跑回了晋国，成为晋怀公。

秦穆公为此大骂晋惠公父子，并开始寻找流亡在外的另一位晋国公子重耳，他打算利用公子重耳再次干预晋国的发展。

实际上，此时期盼晋怀公下台的并不只有秦穆公和重耳。由于晋怀公施政不仁，晋国内部已经怨声载道，朝中大臣根本不想辅佐这个残暴又没有威望的新帝。晋怀公曾经在秦国生活，因此在朝中没有拥护者，再加上他即位之后并不用心经营，只听信几位臣子的话，朝中很多老臣受到了冷落。不少臣子开始与公子重耳取得联系，表示愿意帮助他归国即位。

秦穆公找到公子重耳的时候，他正在楚国，于是他就派公孙枝拜见楚成王。公子重耳一听说秦国要帮助他回国，就赶忙辞别了楚成王赶往秦国。到达秦国之后，公子重耳受到了秦穆公热情的招待。秦穆公许诺可以帮助重耳回国夺权，但条件是重耳即位之后要将河东五城送给秦国。重耳一想，秦国的条件并不苛刻，于是稍作考虑便答应了。秦穆公看到公子重耳，欣然应允，十分高兴，又要将宗室的几名女子嫁给他。

这几名女子中，包括秦穆公曾经嫁与晋怀公的女儿怀嬴，也因此公子重耳对这桩政治婚姻十分犹豫。秦穆公的女儿原本是自己的侄媳妇，娶了她有悖伦理，但是不娶她难成大事。看到重耳犹豫不决，他身边的几位谋士都规劝他不要因小失大。最后，重耳的心腹狐偃对他说："公子要回国夺取君位，那么怀嬴就是敌人的妻子。"公子重耳在众人的奉劝之下，终于决定迎娶秦穆公的女儿怀嬴。

秦穆公一看对方同意了，便摆下了丰盛的酒宴款待重耳等人。重耳和幕僚们归国心切的心情在酒宴上表露无遗，秦穆公深知公子重耳的心思，痛快地答应了他的请求。

公元前 636 年，公子重耳启程回国，秦穆公为表诚意亲自护送。就在重耳等人渡过黄河的时候，重耳的谋臣狐偃突然提出辞行。重耳自然不希望失去这样一个坚实的拥护者，便发誓一定会善待他。

为了帮助公子重耳顺利归国，秦穆公不惜派兵围攻令狐（晋国地名）。晋怀公听说秦穆公发兵，随即派人率兵抵挡秦军。不过，面对战斗力极强的秦军，晋军也只有投降的份了。另一边，重耳等人与晋国国内的大臣里应外合，很快就到达了曲沃。

公元前 636 年，重耳回国举行了盛大的仪式后即位，史称晋文公。重耳上台之后，忠心于晋怀公的两位大臣——吕甥（即阴饴甥）和郤芮心中十分害怕，担心将来晋文公处置他们。于是他们决定一不做二不休，开始暗中谋划刺杀重耳。不料，他们的计划被勃鞮知道了，勃鞮立刻进宫找到晋文公想要告诉他这件事。

勃鞮曾经接到晋献公的命令刺杀公子重耳，晋文公对此仍然记忆犹新，因此一见到勃鞮，晋文公就怒斥他当年之事。勃鞮毫无畏惧，他告诉晋文公自己只是一个下人，自然无法违抗晋献公的命令。当初齐桓公被管仲所伤，最终管仲却帮助他成就了大事。如今他有大事禀报，晋文公却横加指责，这是灾祸之兆。

晋文公听到勃鞮这番话，立刻冷静了下来，随即将他请入殿中。之后，勃鞮将吕甥和郤芮密谋弑君的事情全部告诉了晋文公。晋文公听后十分震惊，便想召吕甥和郤芮前来问话。但是后来他又一想，找谋反之人问话无异于打草惊蛇，于是便放弃了这个念头，并趁着没人注意的时候偷偷出城找秦穆公商议对策。

当年三月，吕甥、郤芮二人果然如勃鞮所说起兵造反。当他们按照计划火烧宫城之后才发现中计了，晋文公根本不在宫内。之后，秦穆公又将他们引到了黄河边杀死，二人处心积虑的反叛就这样被镇压了。事后，晋文公又回到晋国开始着手整治国家乱象。在晋文公的治理下，晋国很快恢复了生机。

局势分析

晋文公重耳回国即位，标志着晋国进入了一个新的时代。他颇具治国才能，在他的治理之下，晋国国力蒸蒸日上，他也成为春秋时期的第二个霸主，其贤明的治理之道被后世广为称颂。

秦穆公则是一位以宽仁著称的君主，在他的治理下秦国势力不断增强，同时他也是一位有野心的君主，时时刻刻都想称霸中原。当时，秦国想要向东扩张入驻中原就必须处理好与晋国的关系。秦国和晋国都是位于西方的大国，即使是实力强大的秦国，想要以武力压制晋国也是很困难的。因此，秦穆公只能选择与晋国结盟交好，以期望晋国能在秦国扩张的征途中保持中立。

说点局外事

作三军，谋元帅

晋国在晋献公时期之前，国家有两军。到了晋文公时期，诸侯争霸的局势发生了改变，为了满足战争需要，晋文公实行了扩军计划。

公元前633年，晋文公组织了一场军事演练。在这次的军演中，晋国的军队被扩充为三军，三军具体是指上军、中军、下军。实际上，这一次军演的目的就是"作三军，谋元帅"。

"谋元帅"是指公开选拔三军的将领。这次之后，晋国的三军各自配备了主将和副将各一名，接受中军指挥，中军的将领就是"元帅"。整个国家的军队都要受到中军主将的统一指挥。在三军中，将帅的等级有严格的规定。从高到低依次是中军的主将、副将，上军的主将、副将，下军的主将、副将。

中军元帅的权力很大，不仅拥有国家最高的军事权力，而且还有国家最高的行政权力，这让晋国的军政制度体现出与其他国家不同的特点。

晋楚城濮之战

秦国和晋国本是邻居，两国一度非常友好，并且存在姻亲关系，这也就是后世所说的"秦晋之好"。公元前635年，晋文公为了讨好秦国，帮助秦国攻打位于秦国和楚国之间的一个弱小国家——鄀国，并且将楚国的将领子仪和子边抓获。当楚国的大将子玉搬来救兵的时候，秦晋联军早已撤退。实际上，晋文公这一举措不仅讨好秦国，还将秦国的矛头转向了楚国。这样，在之后的晋楚争霸中，晋国就有了更大的胜算。

公元前633年，楚国率领陈国、蔡国和许国等国家围攻宋国。宋国不敌，就向北方的晋国求援。晋国的大夫先轸认为应当出兵抓住这个确定霸主地位的良机。没过多久，晋军为了攻打曹国向卫国借路，但是被卫成公拒绝了。之后，晋军就渡过黄河迂回绕到卫国，并且占领了卫国的两个都邑。这下卫成公才慌了神，赶忙派使臣到晋国去谈判，结果晋国并没有给卫国留商量的余地。

卫文公情急之下，只好去投奔楚国，以获得庇护。可是还没等到卫文公和楚国接上头，卫国内部就发生动乱，卫成公只得仓皇出逃。晋国在打败卫国之后，又把目光转移到了曹国。弱小的曹国根本不是晋国的对手，还没有开战多长时间就被晋军打得丢盔卸甲，晋军几乎没有费多少力气就攻破了曹国的都城。

正在晋文公力战这些小国的时候，楚王又一次包围了宋国的都城。宋国再一次向晋国求助。如果晋国此时出兵的话，就不可避免地要和楚国正面冲突，这就使晋文公十分为难。因为当年晋文公在流亡的时候，楚国和宋国都对自己十分宽厚，得罪其中的哪一方都不是自己想要的结果。这个时候，先轸就给晋文公出了个主意：可以把曹国和卫国送给宋国，因为曹、卫二国是楚国的盟国，这两国有难，楚国不可能坐视不管，必然会从宋国撤军来救盟国。

晋文公认为这是个好主意，于是就按照先轸的计划行事。很快，楚国就从宋国撤军了。

当时，晋国和楚国扎营对峙，由于晋国的兵力强大，阵容严整，楚成王并不敢贸然进攻，就想让子玉退兵，可是刚愎自用的子玉根本听不进去，直接让自己的部将向楚成王请战。楚成王很生气，就只派了很少的兵力给子玉。可是头脑简单的子玉还认为楚成王支持自己的行动，就非常自负地领兵出征了。

在到达阵地之后，楚将子玉先让宛春以使节的身份到晋军阵营对晋文公说：楚国从宋都撤军也不是不可以，但在此之前，一定要先让曹、卫两国得以复国。晋国的大夫子犯觉得子玉的请求很是无礼。子玉只是楚国的一个将领，竟敢要求晋国放弃两个国家，这让晋国的尊严放在哪里？

先轸对晋文公说道："如果君王想要称霸中原，就一定要在诸侯中树立德威。只有安定邻邦，才是符合礼仪要求的行为。如果此时我们拒绝子玉，那么一定会失信于曹、卫、宋三国，这三个国家也必然因为迁怒我国而转向楚国的阵营，那么即使出征，也不见得会胜利。"

后来在晋国军士的研究下，觉得要对付楚国必须分两步走：首先要拉拢曹、卫两国。为此，可以暗中答应他们复国。其次，把楚国的使者宛春扣留下来，以激怒子玉，从而让楚国先出兵，而晋国可以后发制人。

子玉得知宛春被晋国扣留，大为恼怒，直接领兵朝晋军阵营杀去。出乎子玉意料的是，他没有遭到晋军的任何抵抗。楚军不知已经中了晋军的埋伏，气焰更加嚣张。为了麻痹楚军，晋军佯败，一直将楚军引入晋军的埋伏圈中。之后，先轸率领晋国的主力军直接将楚国的军队拦腰截断，这时楚军才发现上当，只得败落而逃。

实际上，晋军之所以在战争伊始时避开楚军，是为了报答当年晋文公在流亡时楚王的厚待。楚王曾在宴会上问晋文公何以为报，晋文公回答说："如果以后晋、楚二国兵戎相对，我必然会退避三舍，以报答您的盛情。"没想到当年的戏谑之语竟然成就了这场留名史册的城濮之战。

经过此战，楚国北进的计划受挫，而晋文公却得到了中原盟主的地位，并得到周天子的承认，晋国的国力更加强盛了。

<hr>

◤ 局势分析 ◢

兵不厌诈，这是战争过程中一条不成文的规则。在我国的许多文学作品中，都有战争中关于运用智谋的精彩描绘。此外，为了使士兵们获得高昂的士气和充足的精神，还必须有一个正当的理由，这样才能够师出有名，士兵也可以获得精神力量和支撑。晋文公在出师之前，就对当时的各诸侯国之间的形势进行了全面地分析，从而归纳出作战策略。

不仅是春秋时期，在任何时代，一个国家威望的树立都不仅依靠单纯的军事力量，还要依靠良好的国际形象。尤其是在中国，人们向来十分重视以理服人，德大于威。所以即使重耳的退后是一种军事上的诈术，也要将其美化成践行当年在宴席上的诺言。不过，从另一方面来看，重耳在这次战役中确实表现出了惊人的谋略和智慧，从而使城濮之战成为战争史上的一段佳话。

左丘明与《左传》

《左传》是我国古代最早的一部叙事编年史，全名《春秋左氏传》，作为《春秋》注解而被人广泛熟知。这部作品在我国文学史和古代史上都占据着举足轻重的地位，全书共三十五卷。《春秋左氏传》《春秋公羊传》和《春秋穀梁传》被合称为"春秋三传"。

据说，《左传》是春秋末期的左丘明根据《春秋》所编写的，记录了从公元前722年到公元前468年的历史事件。左丘明原是鲁国的一名史官，与孔子的关系十分密切。在年龄上，左丘明比孔子稍大一些。

左丘明（约公元前502~约前422年），我国历史上著名的史学家、文学家、军事家、思想家。

左丘明是中国史学第一人，他推崇的是儒家思想，因此他的思想与当时人民的要求相吻合，反映了广大百姓的利益。左丘明品德高贵，宽容大度，得到了鲁国国君的信任。另外，他曾经大力支持孔子的事业，因此孔子对他的评价非常高。如今，在左丘明的家乡仍然存有相关的遗迹。世人十分尊敬左丘明，认为他是真正的君子。

晋秦围郑

晋国的公子重耳在流亡的时候曾经路过郑国，不过，郑文公从心底看不起这些流亡的公子，所以对重耳很不礼貌。重耳回到晋国登上君位之后仍然一直对郑国国君的举动耿耿于怀。再加上当时的国际形势是晋、楚争霸对立，一些小国家有的归属晋国，有的归属楚国，而郑国却一直摇摆不定，对晋国和楚国左右逢源，而且对晋国做出背信弃义的举动。因此，于公于私，晋文公都恨透了郑国，总想找机会狠狠地报复一下郑国。

秦国和晋国之间结盟，使得晋国彻底获得了伐郑的信心。根据军事联盟的规定，如果秦、晋之间任何一个国家出兵征伐别国，另一个国家都不能坐视不管。两国必须同心同德，竭力而战。这可以看作秦国和晋国崛起的表现，但对于秦国来说，也是不得已的举措。因为秦国地理位置偏西，晋国在东边堵住了其称霸中原的道路。如果晋国请求同秦国一起东进中原，秦国肯定是很乐意的。

当时的郑国虽然没有了当年郑庄公称霸时期的强盛气象，但是国力依然很强大。郑文公在"三叔"的辅佐下在中原诸国中占有举足轻重的地位。此外，郑国的地理位置十分重要，是各个国家进入中原的要道，因此几乎各路诸侯都要和郑国建立良好的合作关系，不然就要进行打压。晋文公对郑国本来就怀有敌意，因此对郑国采取的是打压的政策。在和秦穆公商量好时间并将一切筹划妥当之后，秦、晋两国一起带兵向郑国进发。

在此之前，郑国一直在秦、晋两个大国之间的夹缝中求生存，这次两国合力攻郑，让郑文公十分焦虑却又毫无办法。郑国有几位贤明的大臣，其中最为著名的就是"三叔"之一的叔詹。晋文公想除掉郑国这个重臣，就逼着郑文公交出叔詹。郑文公当然舍不得，但是又无可奈何。叔詹就主动到郑文公面前说道："有才能的大臣不会让君主蒙羞。现在却因为我一个人而让君主为难。如果郑国被晋国攻破，让全城的百姓都遭到荼毒，那我又有何面目苟活于世？"说完这些，叔詹就自尽了。于是，郑文公将叔詹的尸体交给了晋军。可是晋文公还是不退兵，表示一定要见到郑文公不可。

听到这个消息，郑国上下乱作一团，大臣们也全无退兵之策，郑文公就对佚之狐说："你去见晋文公吧。"佚之狐回答说："臣并不善于言说，可以让烛之武去。可是这个人目前还是养马夫，并未出仕。"

郑文公马上命人将烛之武叫来，却发现他是一个须发皆白的老者。烛之武对郑文公说："臣并无才华，即使年轻也只能养马，何况如今已是垂垂老矣。"郑庄公从话中听出抱怨之意，于是就对烛之武说："没有能早点任用你，是寡人的过失。现在国家需要你，请不要再推辞了。"于是烛之武欣然从命。

这天夜里，郑国的军士用绳子吊着烛之武，把他送到了秦穆公的营帐中。烛之武先向秦穆公介绍了自己，之后就对着秦穆公号啕大哭起来。秦穆公说："郑国要亡了，作为大臣，哭也是很正常的啊。"烛之武说道："我不仅仅是为郑国哭，也是为秦国哭啊。"

秦穆公问道："你为秦国哭什么？"烛之武反问秦穆公道："如果郑国亡，秦国能从中得到什么好处？"秦穆公还没来得及回答，烛之武就接着说道："秦国和晋国都是有能力一统天下的，将来难免要变成劲敌。如果晋国此番战胜郑国，势必向东扩张，一旦国力提高，你敢保证晋国不会攻打秦国吗？"烛之武又说："晋国并不可靠，之前大王几次三番地帮助他们，他们又是怎样对待大王的国家的？因此，我实在不忍心看着大王落入晋国的圈套之中啊。"

烛之武后面的这几句话，正好说到了秦穆公的心坎上，勾起了秦穆公对晋国的新仇旧恨。他一想，烛之武说的确实有道理，同时又愤恨自己身边的能人异士这么多却没有一个人识破晋军的诡计。在他刚准备点头的时候，烛之武马上就又给出了条件：如果秦国撤军，郑国可以成为秦国中原地区的内应。如果以后有需求，郑国一定竭尽全力。

就这样，秦穆公当即就下令撤军了。晋文公看到秦国撤军，就向下属问对策。下属们都认为继续进攻下去没有任何好处，于是晋国也撤军了。烛之武凭借自己的口才，未费一兵一卒就成功地让秦晋退兵，使得郑国避免了一场屠戮。

局势分析

在春秋战国时期，各个诸侯国纷纷崛起。各国之间也因此而互相牵制，关系盘根错节。一些小国为了在夹缝中求生存，不得不利用大国之间的间隙来为自己赢得生存的机会。烛之武的这次游说就充分抓住了秦、晋两国的利益分歧，从利益上和情感上离间双方，从而使秦国发生动摇，接着用晋国的背叛行为激怒秦穆公，使得秦、晋联军不战而退。

春秋时期士人的崛起，使得当时的社会中出现很多谋臣说客，这些人靠嘴吃饭，拥有高超的演说技巧，往往能够达到"一言以兴邦、一言以丧邦"的效果。因此，在当时的一些典籍中也保存了一些有关的资料，例如《左传》中就保存了很多精彩的对白，充分显示出当时的言辞之盛。

烛之武与佚之狐

世人熟知烛之武退秦师的故事，却很少有人知道在烛之武背后支持他的佚之狐。烛之武确实有很强的政治能力，但是如果没有佚之狐，恐怕烛之武直到去世也不过是一个小小的马倌。

佚之狐是郑国的一位大夫，他为人机敏，十分聪慧。由于他实在太过聪明了，所以有的人称他为"一只狐"。佚之狐确实是一个独具慧眼的人。春秋时期，秦、晋联军围郑，在君王愁眉不展之际，佚之狐向君主推荐了烛之武。当时的烛之武只是一个养马人，佚之狐却看到了他隐藏的才能，让烛之武在关键时刻拯救了国家。

实际上，人们对于佚之狐的评价褒贬不一。有人认为佚之狐有识人之才，并且能够不计较世人的唾弃帮助一直郁郁不得志的烛之武出人头地，是一个值得称赞的大人物。与此同时也有人认为佚之狐是一直老狐狸，他为了躲避灾祸而将烛之武推荐给了君主，是一个贪生怕死的小人。不管世人如何评价，佚之狐因推荐烛之武出面而拯救了国家的事实是不会改变的。

秦晋崤之战

公元前 627 年，秦、晋两国之间在崤山进行了一场大战。崤之战是我国历史上一场经典的歼灭战和伏击战，经过这一战，晋国的新任国君晋襄公维护了国家尊严，并且制止住了秦国不断东扩的势头，给秦国造成了不小的打击。

晋国与秦国曾经约定共同讨伐郑国，但是秦国又在暗中与郑国秘密结下盟约，间接帮助郑国阻挡住晋国的大军。这件事后来被晋文公知晓，但是晋文公并没有一怒之下发兵攻秦。当时的秦、晋两国早已经有了各自的目标，对战是迟早的事情。

晋文公想要在郑国扶植自己的势力，所以在围攻郑国的时候，晋文公要

求郑文公立子兰为储君，并以武力相威胁。如果郑文公不答应立储的要求，郑国就要一直受到围困，于是郑文公在万般无奈之下答应了晋文公的要求。秦、晋两国军队撤离之后，晋文公和郑文公陆续离世。郑国由世子子兰即位，史称郑穆公，晋国的新君是晋襄公。

郑穆公是由晋文公一手扶植的，在他即位之后郑国自然更加亲近晋国而疏远秦国。当初伐郑之时秦国留在郑国的军队失去了地位，大夫杞子等人由于受到了郑穆公的排挤心中愤恨，就将情况告知了秦穆公，并表示希望秦国能够发兵教训一下不听话的郑国。杞子等人守卫着郑国国都的北门，如果能与秦军里应外合，确实有一举消灭郑国的可能性。

了解到情况之后，秦穆公准备听取杞子等人的建议发兵郑国，但是遭到了蹇叔和百里奚的集体反对：出兵郑国对秦国并没有什么好处，反而是给晋国的扩张提供了便利条件。这一次，秦穆公没有听取老臣们的谏言。秦穆公怎么也没有想到，这次草草出兵竟然使他失去了两名贤臣的辅佐。实际上，秦穆公并不糊涂。但是这时的他认为既然枭雄晋文公已死，也就没有必要再担心了。原本齐国与晋国的实力就不分伯仲，只不过城濮一战奠定了晋国的霸主之位而已，而现在霸主之位应该轮到秦国了。

秦军未发，老臣蹇叔和百里奚似乎已经看到了结局。出发当日，蹇叔与百里奚看着自己的儿子顶盔挂甲准备出征突然哭了起来，惹得秦穆公大为震怒。大军未出，老臣哭军，实在丧气。

蹇叔与百里奚哭着表示：自己虽然还能看着儿子出征，却再也看不到他们回来了。即使秦穆公大声呵斥他们扰乱军心，也没能阻止他们继续号哭。蹇叔的儿子白乙丙看到父亲如此伤心，便起了辞去官职的念头，但是蹇叔却让他竭尽全力效忠国家和君主，因为身为将士战死沙场是理所应当的。

蹇叔是个明辨是非之人，但是也无法承受丧子之痛，特别是这次秦穆公不听劝谏一意孤行，摆明了就是让自己的孩子去送死。当秦军出征之后，蹇叔就开始称病，不再帮助秦穆公打理朝政。秦穆公几次三番邀请他出山都被拒绝。后来，他干脆以回家养老之名辞去了官职。

公元前627年，秦穆公派兵征讨郑国。按照他的计划，秦国在战胜之后就可以将郑国作为根据地争霸中原。

一般人都知道，如果想要发动奇袭，首先行军的速度要快，使敌方来不及反应；再者军队的行动要隐秘，打击目标之前不可泄露半点风声。再看秦军这次的征讨行动：秦国与郑国之间相距千里，就算拥有几千人的军队也十分显眼。可以说，秦穆公的快速偷袭计划从一开始就没有胜算。

说来也巧，郑国有一个叫弦高的商人，极为聪明且满腹经纶，靠着贩牛发家致富。在做生意的途中，他听说了秦军杀来的消息，就打算给郑国国君通风报信。但是当时秦国军队正火速赶路，等他回到郑国报信肯定已经来不及了。怎么办？

聪明的弦高灵机一动，挑选了十几头牛，又冒充郑国的使者打着"犒劳"的名义面见了秦军主将孟明视。弦高见到孟明视之后，表现得十分有礼貌，他告诉孟明视自己是作为郑国的使臣来慰问秦国大军的，并且表示：由于连年征战郑国将士每天都处于戒备状态，丝毫不敢怠慢。

弦高的这一计果然起到了效果，孟明视不知他这个"郑国使者"其实是假冒的，在听到他的话之后以为郑国早已做好了万全的准备，如果强攻，秦军必吃败仗，于是就放弃了突袭的计划。就这样，郑国的危机被一个贩牛的商人解除了。

孟明视中计之后以为计划暴露，就领兵转而进攻附近的滑国，并在消灭了滑国、抢夺了大量财物和奴隶之后才领兵回国。另一方面，郑穆公在接到了商人弦高的消息之后即刻派人到秦军的营地观察情况，才发现确有此事，于是便旁敲侧击地告知杞子秦国的计划已经败露，杞子害怕秦穆公降罪于他，直接出逃到齐国。

晋国在秦穆公发兵攻打郑国的时候并未做出任何举动，但是这并不代表晋国对此事毫不在意。当秦军刚刚发兵经过晋国的时候，晋襄公正忙于为父亲晋文公操办丧事。当时的晋国已经是中原霸主，晋文公死后，秦穆公非但没有派人慰问，反而趁机攻打与晋国关系亲密的郑国，这明显是蔑视晋国。看到秦国对霸主如此不敬，晋国国内一片愤慨。

晋襄公在了解了情况之后召集大臣们商议对策，臣子们对此意见不一。先轸主张攻秦，他认为秦国的做法无视了晋国的存在，是对晋国的挑衅，晋国可以趁着机会让秦国尝点苦头。然而，大夫栾枝反对先轸的说法，他认为秦穆公曾经多次对晋国施与援手，晋国不该背信弃义攻打秦国。对此，先轸态度十分坚决，他强调了秦国的无礼行为，拒绝养虎为患，更表示这是为晋国的将来着想。

先轸是朝中重臣，晋文公时代的老臣相继去世，刚刚即位的晋襄公不得不仰仗他管理朝政，况且他的话也很有道理。晋襄公思前想后，认为应该从大局出发采纳先轸的意见。之后，他身披丧服亲自率领晋军前往秦军的必经之路——崤山，准备伏击征战归来的秦军。

秦军灭滑归来之后行军到崤山地区，大夫白乙丙想起父亲曾经提醒他们要多加留意此地，就奉劝主将孟明视留心埋伏。孟明视则认为，秦国历来有恩于晋国，且晋文公刚死不久，按理说晋军不会出战，于是一行人没有做任何防备继续赶路。

由于远征路远，秦国的军士们都想要快一点回到祖国，但是之前从滑国劫掠的财物、奴隶很多，严重拖慢了行军的速度。当秦军进入晋军的埋伏圈时，整个队伍已经呈现松散状态，不堪一击。

孟明视发现中了晋军的埋伏，心中大叫不好，急急忙忙命众人冲出包围，无奈为时已晚，整支精英队伍被全部消灭，三名将领也被晋军活捉。三人一看大势已去，便放弃了抵抗，远征的战利品也全归晋国所有。

崤山之战，秦军的精英部队被消灭，三位大将也被俘。后来，多亏了秦穆公的女儿怀嬴设下计策，才让几位秦军将领重新返回了秦国。回国见到秦穆公的孟明视等人心怀愧疚，没想到秦穆公却身穿素衣诚恳地向几人道歉，自责没有听取蹇叔和百里奚的忠告盲目出兵才导致将士受辱。秦穆公的这番举动让他再次取得了臣子与百姓的谅解和信任。但是，自从崤山一战，秦、晋两国开始交恶，之后的几年一直战事不断。

崤山一战，秦国损兵折将且没有得到任何好处。秦穆公在听闻秦军遭遇伏击的消息之后痛哭流涕，悔不该当初不听两位重臣的劝告。秦国紧邻晋国，晋国一日不灭，秦国就没有称霸中原的可能性。自此，秦穆公想要在短期内称霸的梦想化为泡影。

▌局势分析▐

春秋中期时，秦穆公想要称霸中原的心情越来越急切。随着时间的推移，郑文公和晋文公相继离开人世，秦穆公终于找到了东扩攻郑的机会。

虽然秦穆公信心十足，但是旁观者都能看出这实际上是一步险棋。首先，秦国与郑国在地理位置上相距甚远。秦军行进到郑国都城之时必定已经疲惫不堪。另外，在秦国与郑国之间还有很多军事据点，秦军想要以迅雷不及掩耳之势快速攻陷郑国绝非易事。

因此，可以说，秦军这次的惨败主要是因为秦穆公决策失误。战后，秦穆公不得不将战略目标转移到其他国家。

▌说点局外事▐

我国古代的阵法

在冷兵器时代，将士们没有先进的武器和攻防设备，因此学习作战技巧就成了将士们的必修课。阵法指的是战斗时排兵布阵的方式，在古代战争中起着重要的作用，有时候甚至可以成为出奇制胜的关键，因此具有不可忽视的实战意义。

阵法是古人在军事方面智慧的结晶，只不过，一些阵法已经淹没在了历史的洪流中，人们只能从仅存的一些古籍文献中找到只言片语。

根据学者研究，我国最早的阵法大抵来自古代的狩猎活动。《孙膑兵法》中总结了我国古代春秋以前的一些阵法，并将其总结成"十阵"。具体来说，"十阵"指的是方阵、圆阵、疏阵、数阵、锥形阵、雁形阵、钩形阵、玄襄阵、水阵、火阵。

其中，水阵和火阵严格来讲算不上阵型。因此，这些阵法也被称为"孙膑八阵"。在这里主要介绍一下其中的几种阵型：

方阵是各军种联合战斗的基本阵型，要求中虚方实，指挥位于阵后；圆阵主要用于防御，弱点不明显；疏阵和数阵分别指的是疏散和密集队形，用于制造假象和进行突击；雁形阵用于包抄迂回，但是由于后方防御比较薄弱，所以需要注意；处于玄襄阵中的敌人容易受到声音的迷惑而乱了方寸。

总之，这几种阵法各有各的好处，各有各的用途，如果想要熟练运用，必须在熟悉了理论之后充分利用战斗地形，知己知彼才能百战不殆。

秦穆公图霸西戎

秦襄公曾经率领大军护送周平王东迁。迁都之后，周平王为了感谢秦襄公而将他封为诸侯之一，赐给他岐山以东的大片土地。实际上，这片土地位于西部边界地带，曾经是戎人的居所，形势并不太好控制。在诸侯并起的时代，秦国由于地理位置偏远、国力不强而显得贫穷落后。

西周后期，秦国不过是一个"西陲大夫"。如果只看这些客观条件，秦国与其他大国相比的确没有任何竞争力，但是秦穆公即位之后，秦国不管是在内政还是外交上都有了长足的进步，也因此摘下了弱国的帽子。秦穆公是一个很有野心的君主，他不满足于一直辅佐周王室。又因为秦国地理位置不利，所以一直想要称霸中原。之后，秦穆公积极发展国内的经济和军事，他重用了蹇叔和百里奚等一批有着远见卓识的人才，改革内政，使得秦国实力迅速提高，很快就成了西方强国。

秦穆公颇具政治头脑，在位期间政绩斐然，政治手腕的高超通过其实行的外交策略可见一斑。公元前655年，为了能在各个诸侯国之间获得更有说话权的位置，他选择利用政治婚姻与当时的强国——晋国结成联盟。秦穆公亲自派人到晋国求亲，说服晋献公将女儿和太子申生的妹妹嫁给他。与晋国联姻之后，秦国的地位和发展有了进一步的保障，秦穆公的底气也就更足了。

公元前624年，秦国在与晋国的一次对战中大获全胜，一雪前耻。但是秦穆公已经意识到了晋国的强大，知道强攻东扩是不现实的，于是转而向西讨伐西戎，谋求进一步发展。

当时，居住在甘肃和陕西地区的狄戎部落经常抢掠西陲的秦国百姓，惹得当地人十分愤怒。不过，邻国绵诸倒是与秦国保持了良好的关系。绵诸听说秦穆公是一位有道明君，就派使节与之交好。绵诸的使者由余是周携王余臣之后，祖居晋地，后因避乱而迁居西戎。

由余是一位颇具头脑的贤才，秦穆公对他十分热情，并且经常在招待他的时候向他询问一些西戎的具体情况。后来，由余发现秦穆公是一位宽容大度的君主，便留在了秦国，秦穆公封他为上卿，之后他就跟随秦穆公一起谋划讨伐西戎之事。

实际上，由余最终会留在秦国是因为中了秦穆公的计策。原来，当秦穆公发现了由余的能力之后就想让他为秦国效力，于是他听从身边大臣的建议开始挑拨由余和绵诸王之间的关系。另外，秦穆公还命人给绵诸王送去大量的财物和美人，致使绵诸王无法安心治理国家，变成了一个沉迷酒色的君主。

由于君主的荒淫，绵诸国内局势愈发混乱。由余回到绵诸之后，发现有动乱之象，便多次进谏绵诸王，可绵诸王根本就不想见到他。于是由余走投无路，只好投奔了秦穆公。秦穆公一看计划成功，再次热情地迎接由余的到来。

后来，秦穆公见时机成熟便整备军队开始向西扩张，在以迅雷不及掩耳之势消灭了绵诸之后，秦国又乘胜吞并了不少小国家。西进计划让秦国的领土大大增加，拓疆千里：西至甘肃，东至黄河，北抵宁夏，南到秦岭。就这样，秦国崛起，成为势力庞大的强国。

局势分析

秦国的崛起是几代君主经过百年的努力而促成的。进入春秋时代，秦国已经占据了陕西的大部分土地。秦穆公在任期间，国内政治、经济、文化和军事力量都有了高度的发展，创造了盛世的局面。秦穆公西进之举，更促进了民族融合，在我国历史上具有重要的意义。

公元 621 年，秦穆公去世。他在位共三十九年，是一位政绩不凡的君主。可是，由于秦穆公死后大批贤臣良将都被迫殉葬，导致其身后再无治理朝政的能人。他辛辛苦苦建立的霸业迅速衰落下去，这种局面一直持续到战国时期的商鞅变法。

据史料记载，秦穆公死后共有177人被迫陪葬，其中不乏奄息、仲行、钳虎这样的良臣。为此，当时的百姓十分悲痛，甚至作诗哀悼这些忠臣。

说点局外事

伯乐相马

诸侯争霸并非易事，甚至可以说困难重重，其中首当其冲的就是解决贤臣良将不足的问题。九方皋是春秋时期著名的相马家，受伯乐推荐为秦穆公相马，世有"千里马常有，而伯乐不常有"之说。

一次，秦穆公想要一匹好马，就让九方皋帮他寻找。过了几天，九方皋回来禀报他说好马已经找到，并请他亲自验看。秦穆公很高兴，就向九方皋询问宝马的具体情况。九方皋回答秦穆公：黄色母马。秦穆公亲自验看，却发现九方皋带来的是一匹黑色的公马。这让他很不不快，认为九方皋不是在故意耍他就是根本没有相马的能力。

伯乐劝秦穆公试骑，可是对九方皋心生怀疑的秦穆公根本连看都不想看这匹马一眼，后经过伯乐的再三规劝，他才终于肯上马。秦穆公一试骑才发现这真的是一匹天下难得的宝马良驹。

自此秦穆公明白了一个道理：一个人的外貌无法代替他的才能，君主任用贤才不该被他的外表所蒙蔽，而是要多多注意他的优点。为了国家的振兴崛起，秦穆公开始广招天下人才，征得了蹇叔、百里奚为己所用。在这些贤臣的辅佐下，秦国日渐强盛。

第六章　晋楚争霸

楚国在城濮大战之后，实力受到重挫，无力继续争霸。但是，楚世子商臣弑君夺位之后就打破了晋国对楚国的严密封锁，之后又迈出了逐鹿中原的脚步。楚庄王即位后重用孙叔敖，使得楚国的国力迅速增强，再次拥有了令中原各路诸侯刮目相看的国力。晋楚邲之战，楚庄王一鸣惊人，成了新的霸主。

楚商臣弑君

楚商臣即楚穆王，是楚成王的长子，楚庄王的父亲。楚穆王在位期间政绩突出，楚国的国内形势相对安定，对外扩张之路也很顺利，为楚庄王称霸中原奠定了坚实的基础。但是，商臣并不是通过合法手段成为楚国国君的。商臣曾经被立为太子，后来，楚成王发现他是一个心狠手辣的人之后就打算废黜他，于是楚商臣就杀了父亲篡夺了君位。这让后人对他的评价充满了争议。

城濮大战之后，楚国无力继续争霸，于是楚成王就打算在立储君之后安度晚年。楚成王的孩子很多，这让他在立太子的问题上十分头疼。当时，楚国的令尹斗勃（字子上）听说了楚王要立继承人的事情之后就提出反对，原因在于立储君这样的大事儿戏不得，楚成王身强力壮又有众多嫔妃，现在立储还为时尚早。如果在立了太子之后又出现了更有统治才能的公子，到时候，国内必定出现公子之间争夺权位的情况，朝纲必定混乱不堪。

大臣的话可谓是句句在理，可是不料楚成王根本听不进去别人的劝告，

执意要立年纪不大的商臣为太子。楚商臣虽然年少，但是野心勃勃，而且他声如野兽，眼神锐利。朝中大臣认为商臣天性过于冷酷、残暴，并不是储君的好人选。一旦他成为君主，就有可能实施暴政危害百姓，到那时楚国的江山就要遭殃了。

楚成王没有理会大臣的说辞，为商臣挑选了一名德高望重的老师，之后将商臣立为储君。这位老师名为潘崇，在日后商臣夺位的行动中发挥了关键的作用。商臣自从被立为储君之后就知道了朝中大臣斗勃对此事的干预，于是心生怨恨的他处心积虑地想要除掉说他坏话的臣子。

很快，商臣就找到了报复的机会。当时，晋国的大臣带兵攻打蔡国，斗勃领命带领楚兵前往救援蔡国。当晋、楚两国军队列阵河边之后，不论哪一方都不敢率先过河，双方就这样在河对岸对峙了一段时间之后各自撤兵了。商臣一看这场战役毫无结果，便趁机编造谎言欺骗楚成王，他说斗勃之所以无功而返，是因为私下与晋国做了交易，他已经被晋国买通了。实际上，当时双方并没有交战的原因是害怕对方设下伏兵，遭遇偷袭。但是经过商臣添油加醋地编造，斗勃就成了出卖国家利益的叛臣。

楚成王十分信任商臣，听了他的谗言之后二话没说就命人杀死了斗勃，商臣这才解了心头之恨。楚成王实在糊涂，这件事过了一年之后他才终于意识到自己中了儿子的奸计错杀了忠臣，从此对商臣的态度急转直下并产生了废黜他的念头。

机灵的商臣很快就意识到楚成王似乎有废黜自己的念头，但是楚成王不提此事，他就无法确定真假。烦恼的商臣直接找到了他的老师潘崇，将事情和盘托出，向老师询问对策。潘崇就建议他去找那个已经回国的姑妈（楚成王的妹妹江芈），这个人是个暴脾气，一旦生气起来就会失去理性，所以商臣只要想办法激怒她就一定能套出实情。

商臣认为这个计策不错，就按照潘崇的计策将姑妈邀请到家中参加酒宴，但是又特意冷落她让她产生不满，这一下子就惹恼了她。她愤愤地离开商臣的住处，并在离开之前破口大骂，不小心就说出了楚成王打算废黜商臣另立公子职为太子的事情。

商臣一看父亲果真有废黜太子的意思，就赶紧找到了老师潘崇商议对策。

起初，潘崇听说了楚成王确实有废黜太子之意的时候也十分吃惊，不过他不愧为可以教导太子之人，很快就看清了时局。之后，他问商臣：是否愿意做他人的臣子、是否愿意流亡国外、是否愿意做一般人没有胆量做的事情。这三个问题就是在暗示商臣，让他弑君夺位。

商臣本就是有野心之人，根本不愿屈居他人之下，更不想要一生流亡国外尝尽艰辛，所以他果断地选择了夺位这条道路。二人精心策划了一番，之后率兵围住了楚成王的寝宫。商臣胁迫楚成王自缢，楚成王一看无路可走就想要拖延时间，于是请求他们给自己一些时间吃完熊掌再死。商臣害怕时间拖延久了事情有变，就告诉楚成王不必再等了。就这样，楚成王被自己的儿子逼得自缢而死。

公元前626年，商臣执掌了国家大权，史称楚穆王。他的老师潘崇扶植新君有功，被封为太师。楚穆王弑君登位，有损声誉，可是他在即位之后推行了很多富国强军的政策，努力扭转城濮之战之后楚国的尴尬处境，扩充疆域千里，使得楚国的实力获得了快速提升。

局势分析

公元前632年，晋、楚两国之间爆发了城濮大战。这场大战具有重要的历史意义，楚国经过这一战实力受到重挫。楚王争霸的气焰被打压下去之后心中十分郁闷，随即放弃了继续争霸中原的计划，打算早早立了太子之后安度晚年。早年间，楚成王杀兄继位，他万万没有想到，风水轮流转，最后他也落了个被亲人逼死的下场。

楚穆王杀父夺位的举动受到了人们的谴责，但是他的政绩却向人们展现了他高超的政治手腕和治国才能。城濮大战之后，楚国一蹶不振。一直以来，楚穆王都想要改变楚国在国际上的劣势。即位之初，他就打破了晋国对楚国的严密封锁，之后又重新开始逐鹿中原。后来，楚庄王即位，通过父子二人的努力，楚国再次拥有了令中原各路诸侯刮目相看的国力。

中国古代的农业

从古到今，我国都是一个农业大国，有着悠久的农耕文化史。

春秋时代，我国农业"精耕细作"的生产方式出现萌芽。所谓"精耕细作"，就是从翻土播种开始到中耕除草除虫，直到最终收获，都使农作物处于优良的环境中，这种耕种方式会使人们获得大丰收。因此，在这一历史阶段，我国的农业生产有着历史性的发展和变化。

另外，春秋时期耕作技术的提高还体现在人们对于肥料的发现和运用上。当人们发现农作物可以在肥沃的土地上得到更好的生长之后，就开始想方设法给土地增加养料。经过长期的农业实践，人们发现树叶、野草在腐烂之后能够当成肥料使用。用人的粪尿施肥也是我国古代的创造，是长期实践、总结经验的结果。事实证明，这是一种十分环保的农业生产方式，因此这一做法在今天的农业生产中得以沿用。

在春秋初期，基本上所有的诸侯国的土地制度都是井田制，也就是一种集体耕耘制度，所有的土地都属于国家，普通百姓只有使用的权利。随着生产力的日益提高，私田开始出现，这就使小农经济得到了充分的发展，"千耦其耘"的集体生产模式逐步被瓦解，个体经营成为当时社会的主要潮流。但是，随着形势的变化，人们都不再尽力种植公田，逃亡、怠工成为当时常见的社会现象。土地也变得荒芜，井田制最终走到了尽头。

到了春秋后期，以鲁国为代表，开始实行"初税亩"。实际上，这代表国家开始承认农民私田的合法性。此后，土地也不再实行集体耕作的模式，而是由国家分配到各个家庭中，并在收获季节国家按照收成的十分之一征税。这样就形成了多劳多得的局面，使得农民的生产积极性得到了很大的提高。

由于农业在我国社会中的重要地位，所以基本上每一次社会变革都与土地制度改革密切相关。可以说，在我国几千年的历史中，农业几乎成为我国的传统与特色，也成为我国经济的重要支柱。

孙叔敖拜相

孙叔敖与管仲一样，都是我国春秋史上的一代名相。公元前 599 年，楚庄王拜孙叔敖为国相。孙叔敖在任期间，政绩斐然，他为官清廉、恪尽职守，提出了一系列改革经济、军事制度的措施。经过他的治理，楚国的国力迅速增强，因此深得君主和人民的爱戴。邲之战，楚庄王一鸣惊人，成为新的霸主。可以说，没有孙叔敖，楚庄王是无法坐上霸主之位的。孙叔敖辅佐楚庄王成就了千秋大业，在历史上留下了辉煌的一页。在《史记·循吏列传》中司马迁这样评价孙叔敖："循吏第一人"。

"循吏"简单来说就是奉公守法的官吏的意思。孙叔敖为官清廉这是大家都知道的，但是其程度并不是一般人能够做到的。任职期间，孙叔敖家中的生活十分节俭。在他去世之后，他的儿子不得不靠打柴维持生计。

在幼年的孙叔敖身上曾经发生过一件很有意思的事情，这件事情体现出了他不同于其他孩子的济世天性。

孙叔敖出生于雨台山一带，当地有一个传说：看到长着两个头的蛇的孩子活不长，偏偏幼年的孙叔敖就遇到了传说中的两头蛇。看到蛇的时候，孙叔敖心中十分畏惧。一般来说，一个孩子遇到这种情况不是逃走就是被吓得哭出来，但是孙叔敖却想着：不能让这条蛇在自己死了之后继续祸害他人，于是便壮着胆子用石头砸死了它。

回到家中，孙叔敖哭着告诉了母亲这件事，而且因为可能无法继续尽孝而感到内疚。孙叔敖的母亲是一位开明之人，她夸奖了孙叔敖的勇气和为他人着想的行为，并安慰孙叔敖说他一定可以活得很好。

孙叔敖的出身不错，他的父亲曾经在楚国朝中任职。孙叔敖成年后，他的父亲因为政治斗争失败而身亡，于是他被迫与母亲迁居别处。但是，孙叔敖的才华并没有因此埋没。孙叔敖是一个水利、农业方面的专家，在成为相国之前，孙叔敖曾经带领百姓修建了有史以来我国最早的大型水利工程，名为期思雩娄灌区。通过开凿水渠、修筑堤坝等，孙叔敖让这座工程可以在防止下游水涝的同时引水灌溉，使得当地的农业得到迅速发展。就这样，孙叔敖的功绩很快就在民间传播开来。

成为相国之后，他又主持修建了芍陂，这是我国历史上第一个蓄水灌溉工程，使得当地粮食产量逐年增加，成为楚国举足轻重的经济发展重地，这个工程直到现代还能发挥其功能，足见孙叔敖的伟大之处。芍陂位于现在的安徽寿县一代，春秋时期，此地经常会遭遇季节性的灾害：由于地势不利，这一地区一到多雨的夏季就会发生涝灾，而到了少雨的季节又会干旱。

　　孙叔敖在对地形进行观测之后决定根据原有的地势修建一个可以蓄水的池子，引入地势较高的地区的水源。为了控制水量，孙叔敖又在蓄水池侧方修筑了水门和沟渠。这样一来，这一地区农田的灌溉问题就被解决了。经过孙叔敖的治理，寿县的经济得到快速发展。孙叔敖上任之前，楚国的相国是虞邱子。然而，在任期间，虞邱子并没有将精力放在治理国家、造福百姓上，而是致力于发展家族的势力，拉拢党羽，在政治上毫无建树。楚庄王对此十分恼火，斥责了这个毫无忠心可言的重臣。见状，虞邱子感到非常害怕。后来，他为了挽回一些颜面推荐孙叔敖为相。就这样，孙叔敖正式进入了楚国朝廷的权力中心。

　　公元前599年，楚庄王将已经声名远播的孙叔敖拜为相国，让他掌管国家军政大权。所谓相国，身居一人之下、万人之上，因此每个国家的君主都会仔细斟酌这个职位的人选。实际上，楚国的相国一向都是由同姓贵族担任的，为了国家的安定，外姓人很少有机会担任这一职位。然而，楚庄王并没有遵循老传统，而是任人唯贤，这也可以看出孙叔敖确实有着治世的才能。孙叔敖就任之后，极力主张改善民生，并对楚国的制度进行了全方位的改革。

　　在"施教于民""布政以道"的指导方针下，楚国的农业、经济、军事等方面都有了一定程度的发展。

　　楚庄王曾经因为不喜欢轻巧的"蚁鼻钱"而改革了货币制度，他命令全国将这种看起来像贝壳的小铜币改铸成大型钱币。楚庄王仅凭好恶就改革了币制，没有预料到这一改革大大阻碍了商业的发展，引发了社会的混乱。

　　对百姓来说，大钱币使用起来是非常不便利的，突然更改的币制让人们无所适从。更严重的问题是，这让商人蒙受了巨大的损失。商人的最终目的是赚钱，但是大钱币的强制流通严重损害了他们的利益，商人们纷纷改行，致使一度繁荣的市场变得极度萧条，国内经济疲软。商人们放弃经商之后，城里的生活变得不再方便，居民也开始举家搬迁。这下子，社会的安定受到了严重的影响。

孙叔敖在得知这一情况之后，立刻入宫向楚庄王汇报此事，提出一国君主不该按照个人好恶而改变原有的币制，并在之后提出了改革的措施。楚庄王一听才知道问题的严重性，便采纳了孙叔敖的意见。慢慢地，社会秩序开始恢复，国内市场又呈现出了繁荣的局面。

孙叔敖从不吝惜直言劝谏，只要是不利于国家民生的举措他都会劝阻。楚庄王曾经想要把小车都换成大车，因为小车的实用性差。但是这一举措一定会引起百姓的不满和反对，于是孙叔敖就建议楚庄王改建门限（槛），让百姓自愿将小车换掉。

孙叔敖不仅在经济方面做出了重要贡献，还辅佐楚庄王大大提升了军队的战斗力。他改革了楚国的军事制度，修正了原有的军队军纪，甚至明确提出了每个人应该做的事情和承担的责任。这一连串的改革措施起到了令人满意的效果，在后来的晋、楚邲之战中，楚国靠着这只强大的军队赢得了中原霸主的地位。

依法治国可以有效惩治官员的贪赃枉法，维护社会的安定，改善国家的风气。因此，孙叔敖非常重视法治。由于他为人正直，且不徇私情，所以在他的管理下，楚国的官场风气很好，政治清明，全国上下勠力同心，使得楚国一时之间成为一方强国。

局势分析

楚庄王拜孙叔敖为相之后，国家的发展日新月异。孙叔敖恪尽职守、廉政爱民，在楚国进行的各项改革为楚国的争霸提供了良好的条件、奠定了基础。

俗话说："树大招风。"一般来说，一个人的职位和威望越高，越容易招致他人的怨恨，或者在后期腐化堕落。孙叔敖曾经遇到过一位名叫狐丘丈人的隐士，他对孙叔敖提出了"世间三怨"的定论，即官职高会被人妒忌、权力大会被君主猜忌、俸禄多会被人怨恨。孙叔敖认可这位高人的见解，但同时又提出了破解之法。他认为，自己的官职虽然高，但是他却心系百姓；权力虽大，但做事总是小心谨慎；俸禄虽多，但是散财于民。孙叔敖这种高明的处世之道，让他在春秋时代，甚至在我国历史上都留下了极好的名声。

说点局外事

我国古代水利工程

远古时代，人们在贫瘠的土地上耕种，没有先进的技术和工具只能靠天吃饭。一旦出现旱情或者洪涝，人们就有面临饥饿的危机。由于我国位于季风气候区，因此在冬春季节容易干旱，而在夏秋雨季则容易遇到涝灾。为了弥补季节气候的劣势，早在春秋时期，人们就已经对水利工程的建设多有研究。水利成了农业生产的命脉。

实际上，在春秋之前，人们就已经发明出了人工灌溉的方法。据《周礼》记载，当时农业生产已经能够做到"通水于田"，并且还修筑了用以消除洪涝灾害的工程。这种工程建设不仅能够防洪，还能使土地慢慢变得湿润肥沃。到了春秋时期，铁器开始得到应用，经过长期的实践总结，人们开始建设一些水利工程。特别是到了诸侯争霸的时期，为了增强国力，各个国家都开始重视水利事业的发展。

吴国夫差时期，我国历史上著名的水利工程——"邗沟"宣告建成。这条河是我国历史记载中最早的古运河。夫差最开始修建这条渠的目的是开通通向北方的水路，进而能够北上，与中原诸侯争霸。虽然夫差逐鹿中原的梦想最终未能实现，然而这道邗沟却对周边地区的农田灌溉起到了很大的作用，为人们的生活带来了极大的便利。

邗沟连通了沂水和济水，沟通了长江和淮河，也因此成为我国南方最为优美的一道古运河。邗沟的修建也为我国的经济发展做出了重要的推动作用。即使在后世其通运量也始终有增无减，并使邗沟附近的北辰镇成为"淮水东南第一州"，对当地的经济文化产生了深远的影响。

赵盾弑君

晋文公执政期间，为晋国开创了霸业。晋襄公时期，晋国的国力再次到达巅峰，霸业更加稳固。

与父亲晋文公不同，晋襄公是一个书生气很浓的君主，执政风格也相对温和，他任人唯贤，善于纳谏。朝堂之上，晋襄公任用赵衰、栾枝、先且居、胥臣等几位贤臣帮助他治理国家，朝政井井有条。另外，由于他实行宽厚仁达的政策，所以国内局势十分稳定。朝堂外，他以霍伯为帅，依然实行仁德的政策，因此威望颇高。

即位初期，晋襄公表现出了对周王室的尊敬。他广泛联合郑、齐等国家，并且在数次与秦国的交战中取得胜利。此外，晋襄公在位期间，荆楚的扩张势力也得到遏制。这些使晋国延续了晋文公时期的霸主地位，诸侯之间混战的现象由于他的宽仁管理而呈现大幅度减少的趋势。

公元前 622 年，晋襄公将夷皋立为继承人。这一年，晋国内部遭遇了沉重的打击——连失去了赵衰、栾枝、先且居、胥臣四位重臣。晋襄公视赵衰等人为国家支柱，四人的先后去世使得晋国的形势急转直下，原本的政治平衡也被打破，朝中大权落入赵衰之子赵盾的手中。

赵盾也被称为赵宣子。赵盾具有政治手腕和战略头脑，胸怀大志，也是自晋文公之后晋国的第一位权臣，他的上台让晋国的君权首次受到了冲击。晋襄公死后，赵盾依法治国、权倾朝野，使得赵氏家族独掌国家大权，为家族树立了威信。正是由于他的辅佐晋国才能在与楚国的交战中不落下风。赵盾一生侍奉了三位君主，被称为治世能臣。

公元前 621 年，晋襄公病重，赵盾被晋襄公封为正卿。晋襄公将世子夷皋托孤于赵盾等人，叮嘱他们要尽力爱护、扶植夷皋保全晋国的大业，之后便撒手人寰。晋襄公一死，晋国内部便分裂出了两大阵营，领袖分别是赵盾和狐偃之子狐射姑。

狐射姑曾经是晋军的元帅，执掌兵权，可是后来晋襄公却听信谗言将赵盾提拔为元帅。因此，晋襄公死后，二人就在扶植新君的问题上争论不休。

晋襄公的弟弟公子雍性情温和，待人宽厚，也具有治理国家的才能，晋

文公十分喜欢他，但此时的公子雍正在秦国就职。赵盾是公子雍的强力拥护者，另外，考虑到现下秦国与晋国的关系，他认为也应该立公子雍为新君。

不过，狐射姑对赵盾的意见持反对态度，反而主张迎接身在陈国为质的公子乐（晋文公与怀嬴之子）归国即位。赵盾认为陈国只是一介小国，且公子乐由于出身的关系难以树立威名，立他为君对晋国没有任何好处。

实际上，晋襄公在死前已经将幼子夷皋立为太子，赵、狐二臣却为拥立非法继承人而争执不下。晋襄公的夫人穆嬴看到二人完全忘了晋襄公嘱咐，便在朝上哭起来，斥责二人不听先王的遗命，对他们抛弃太子的做法深表愤怒。

穆嬴在朝中有一定的权势，何况赵盾、狐射姑即使位高权重也只是一介臣子，违抗先帝的命令是大罪，于是他们最终决定扶植夷皋登基即位。夷皋即位时年仅7岁，史称晋灵公。秦国在不知道晋国君主已经确立的情况下打算护送公子雍回国即位，没想到半路上被反复无常的赵盾的军队截杀，公子雍也命丧途中。

经过这件事，赵盾的地位更加稳固。立君是大功一件，此后朝中再也无人敢与他作对。虽然两个阵营最终同意辅佐晋灵公，可是晋灵公不求上进，喜欢玩乐，而且本性十分残暴。即使朝中大臣尽力辅佐，也难以阻挡晋国国力下滑的势头。

晋灵公毫无治理国家的才能，却能想出各种各样的办法游玩享乐。他为了欣赏美景，不惜动用大量的人力财力修建花园和高阁。花园中奇花异草林立，桃花遍地。

此外，晋灵公的残暴程度也令人发指。偶然的一次机会，赵盾发现一些宫女带着筐子准备出城，筐子上面还露出了人的一只手。赵盾心中疑惑，就问宫女们竹筐里面装了什么物品。但是宫女们表现得十分畏惧。原来，晋灵公由于不满意厨师的饭菜就命人把厨师杀死并且分尸，之后把尸体放入筐子里扔出城。

看到幼主如此荒淫残暴，赵盾深感国家前途暗淡，于是他与另一位贤臣士季商议劝谏晋灵公。最后，二人打算以国家利益为重冒死进言。没想到贪图享乐的晋灵公很会应付手下的臣子，当士季进入宫中准备进言的时候，晋灵公先开口认错并保证以后永不再犯。士季一看君主如此真诚，也不好再继续说下去，只得以几句大道理敷衍过去。可是，士季走后，晋灵公依然我行我素，每日在桃园游玩毫无悔改之意。

后来，赵盾到桃园拜见晋灵公。幼主知道赵盾不会说奉承的话，于是面沉似水，让他趁早离开。但是赵盾并没有遵从旨意，而是自顾自地说道："我听说，历来有道明君都将百姓的幸福安乐当作自己的幸福，而昏君才会整日沉溺于享受。如今您每天游玩不顾百姓死活，已经闹得朝中上下人心离散，这样下去我认为晋国就没有继续称霸的希望了。"

晋灵公知道赵盾是朝中重臣，但是又不想再听这些让他不愉快的谏言，于是就又装作悔恨的样子连连向赵盾表示要痛改前非，专心于治理国家。赵盾离开之后，晋灵公依然如故。后来，由于看不下去晋灵公的作为，赵盾又多次进谏奉劝晋灵公，这下子可惹恼了晋灵公。晋灵公对赵盾心声怨恨，开始计划除掉他。

一次，晋灵公命人安排酒宴招待赵盾，并在附近设好埋准备杀死他。毫不知情的赵盾奉命前往赴宴。席间，晋灵公突然表示想要观赏一下他的剑，赵盾也没多想，就要在晋灵公的面前将剑拔出鞘。此时，赵盾的车右提弥明意识到事情有些蹊跷，就以君臣之礼为借口拉着赵盾向外走。

晋灵公自然不会让他们逃脱，随即放出猛犬咬向赵盾。提弥明护主心切，徒手杀死了晋灵公的爱犬。之后，晋灵公又命人捉拿赵盾，提弥明以命相搏，赵盾才得以安全逃走。

出逃的路上，赵盾遇到了侄子赵穿。赵穿在了解了事情的来龙去脉之后十分震惊，让赵盾躲藏起来之后就带着家中的仆人杀死了晋灵公。晋灵公死后，赵盾参加了他的丧礼，表现得异常沉痛。晋国的史官用"赵盾弑君"几个字记录了晋灵公的死。

局势分析

自晋文公时代，晋国走上了强国之路，而晋灵公在位期间，晋国却民心尽失。赵盾、士季等人虽然拥有治国才能和报国之志，但在昏君的统治下也无法施展拳脚。

晋灵公残暴荒淫，杀人无数，宠信奸臣，为了满足自己享乐的需要而向民间征收重税，致使民不聊生，大臣们也颇有微词。晋灵公在位期间的所作所为体现出了我国古代封建制度的弊端：不管君主多么昏庸无道，臣民也不得不服从他的旨意。一旦起了反抗之心，便会被视为乱臣贼子而遭到诛杀。

晋灵公死后，晋成公黑臀即位，是为晋成公。晋成公是晋文公的儿子，晋襄公的弟弟。晋成公在位期间，晋国的政治较为清明。

说点局外事

董狐直笔

董狐是春秋时期晋国的太史，他坚持原则，直笔历史，堪称"开创我国史学直笔传统的第一人"。据史料记载，董狐的家乡是良狐村，位于如今的山西省翼城县东。

春秋时期的史官身兼数职，还握有一部分政治实权。他们可以宣传王命，褒贬是非，既可以治史又可以参政。在春秋时期，礼崩乐坏，很多诸侯王室失去威严，大夫、世卿之中篡权谋逆者大有人在。在这种社会背景下，一名史官要想坚持原则是非常不容易的。董狐是春秋时期史官中的佼佼者，孔子曾给予他高度的评价，称其为"古之良史"。

在晋国的内乱中，最终是赵穿杀死了昏晕的国君，但是董狐却记"赵盾弑君"。赵盾在掌握了政权之后就向董狐询问他是如何记录此次事件的，看到董狐的记录之后，他很不高兴地责问董狐为什么要这样写。董狐大义凛然地回答赵盾说："你是相国，事发之后却没有逃出国家，但是回来之后也不再追究弑君之人的责任，因此弑君的罪名要由你来承担。"赵盾一听，便也不再追究此事。

史官需要维护君臣大义，讲求"礼"。虽然董狐直笔受到了人们的广泛赞扬，但是实际上，董狐的行为冒了极大的风险。毕竟，史官的直笔有时候会侵害到当权者的利益或者激怒他们。一旦遇到这种情况，史官就会给自己惹来杀身之祸。比如说，齐国太史就因为遵循了原则而丢了性命。

后世的很多史官都将董狐当作榜样，让这种维护大义的精神流传了下来。

赵氏孤儿归晋

晋国重臣赵盾在世之时，赵氏家族独大，赵盾掌握着国家的军政大权，甚至具有操控国际时局的能力。公元前 601 年，赵盾去世，时值晋景公当政，他宠信奸臣，甚至重新启用了屠岸贾。

屠岸贾出身于贵族之家，在晋灵公和晋景公时期都曾担任大夫一职，这样看来，屠岸贾也是朝中的老臣了。屠岸贾善于逢迎，晋灵公时期深得君主宠爱。表面上看来，他对晋灵公唯命是从，但是实际上，屠岸贾别有用心。后来，赵盾等人发动政变，屠岸贾也因此销声匿迹，赵穿曾经极力想要杀掉屠岸贾，但是被赵盾拦了下来。晋成公即位之后，屠岸贾受到豁免，再次被启用，但是他本性不改。

晋成公死于征伐陈国的路上，之后晋景公即位。晋景公生性荒淫无度，喜爱玩乐，而这些正是屠岸贾擅长的。于是晋景公开始宠信屠岸贾，让他陪着自己逍遥快活。不得不说，屠岸贾在蛊惑昏君方面确实很有一手。公元前597 年，他在晋景公耳边进谗言。当时赵盾已死，屠岸贾竟然能够让晋景公相信他所编造的"赵盾罪大恶极"的谎言，并且得到了诛杀赵氏家族的权力。

诛灭赵氏家族一事得到了赵氏政敌的支持，之后昏庸的晋景公就放任屠岸贾出兵消灭赵氏一族，赵盾的后人赵朔等人皆遭此劫。幸运的是，怀有身孕的赵朔夫人在赵氏被灭门的时候正巧回家省亲，于是便留下了赵氏家族唯一的血脉——赵武。

在赵朔已死而赵武还没有出生的时候，门客程婴与公孙杵臼相遇。交谈之下，公孙杵臼得知程婴没有随赵朔而去的原因是因为夫人怀有赵氏一族的血脉。程婴对公孙杵臼说：如果这个孩子是个女孩，他立刻自杀；但是如果这个孩子是男孩，他就要担负起抚养的责任，并在孩子长大之后告诉他真相，让这个孩子再报灭门大仇。公孙杵臼听到程婴的话之后十分感动，并约定与程婴一同行动。

赵朔夫人果然生出了一个男孩。屠岸贾妄图将赵氏家族赶尽杀绝，如果留下血脉必在将来引发祸端。为了躲避追杀，赵朔夫人将男婴交给了程婴和公孙杵臼。之后，二人开始商议如何保护赵氏的血脉。公孙杵臼想出了一个调包的计策，为此公孙杵臼献出了自己的性命，而程婴则献出了自己刚刚出生的孩子。

　　程婴带着自己的孩子与公孙杵臼出逃，并让妻子带着赵武逃向别处。屠岸贾在得知了程婴逃走的消息之后就带着士兵追赶二人，并且很快就将他们包围了起来。这时候，程婴就装作走投无路的样子出来投降，他对屠岸贾说如果对方能够许诺赠予他千金，他就愿意把孩子献出来。屠岸贾自然应允。

　　之后，程婴带路找到了藏起来的公孙杵臼。这时，抱着孩子的公孙杵臼假装不知道此事，并愤怒地斥责程婴出卖他和赵氏血脉的行为。屠岸贾被程婴和公孙杵臼的演技所骗，之后就杀死了婴儿和公孙杵臼。

　　从此以后，程婴背负上了卖主求荣的恶名，忍辱负重的他迁居到深山中，将赵氏的后代当成自己的孩子抚养起来。很快，孩子就长大了。赵武15岁这年，朝中发生了变故。晋景公由于被噩梦缠身却不知道原因，就找人来为他占卜。占卜的人说患病的原因是晋景公曾经错杀了忠臣。

　　朝中重臣韩厥曾经是赵氏家族的家臣，与赵氏的关系十分密切。看到占卜师这样说，他趁机向晋景公提起了当年赵氏家族的事情：当初屠岸贾陷害忠良，因此赵氏家族才惨遭灭门，天下人都为赵氏抱不平。

　　晋景公一听，赶快下令为赵氏洗刷冤情，恢复名誉。后来，他听说赵氏血脉尚存，就又派人找到了程婴与赵武。赵氏家族的冤案，赵武的身份以及程婴和公孙杵臼的事迹全部被昭告于天下。晋景公恢复了赵武的身份，并将所有属于赵氏家族的东西都归还给他，之后又给了赵武杀死屠岸贾的权力。自此，赵氏孤儿终于完成了复仇大计。

　　卸下了心头重担，多年忍辱负重的程婴也终于完成了自己的使命，但是此时的他却根本没有享受丰足生活的心情。失去了孩子和好友的程婴不愿继续苟且偷生，最后选择了自杀。赵武虽然全力挽留程婴但还是没有改变他的心意。程婴死后，赵武悲痛欲绝，为程婴建造了祠堂。

局势分析

《赵氏孤儿》是我国民间著名的戏剧，世人钦佩程婴、公孙杵臼、赵武等人矢志不渝、忍辱负重的精神，让他们的故事流传了下来。

赵武为官之后，政绩斐然，为保持晋国的霸主地位做出了一定的贡献。由于他主张和平路线，因此不赞成晋国通过武力解决国内和国际问题。赵武在后来的弭兵会盟上也起到了重要的作用，很好地维护了晋国的利益和国际局势的稳定。

说点局外事

门客

门客，也叫食客，是一种十分特殊的职业，盛行于春秋战国时期。门客的作用是侍奉供养者，有才智的为主人出谋划策、占卜吉凶，身怀武艺的则可以保护主人的人身安全。在贵族面见贵客或者出行的时候，人们经常能看到其门客的身影。

之所以会出现门客这一类人，正是由于当时社会大背景的影响。春秋时期礼崩乐坏，但凡是一些有实力的贵族想要巩固一下自己的地位就会供养大量的门客，为他们解决衣食住行的问题。春秋时期的门客身份复杂，既有家族衰落的前贵族，也有流落街头的市井之人。虽然出身大相径庭，但是这些门客无一例外有着追求的目标甚至是远大的理想，希望在乱世中闯出自己的一片天地。不过，由于出身环境、文化程度等的差异，门客的人品相差甚远。他们之中有的遵循礼道，宁可赴死而成就千秋大业；有的则人品低劣，狡诈凶残。

作为公卿贵族供养之人，门客在历史上发挥了重要的作用。有时候，贵族公子的门客的一个提议就能改变历史的发展进程。另外，一些别有用心的贵族还将门客发展成为私人的武装力量。门客也分为三六九等，得到主人赏识的门客在吃穿住行方面都会受到很好的礼遇，最低级别的门客只能解决基本的温饱问题。

在我国古代奴隶社会中，贵族与门客之间的关系说到底是主人与奴隶的关系，根本谈不上平等。但是，一些门客却追求与主人在精神与情感上进行交流。古代君子之间流行"士为知己者死"，这些人一旦获得赏识，就会舍弃性命维护主人的利益。不得不说这是一种值得人们认真思考的现象。

晋楚邲之战

春秋时期，郑国处于中原地带，被夹在晋国和楚国之间。由于实力弱小，郑国经常被两个国家侵犯，在夹缝中艰难求生。如果郑国与晋国亲近，楚国就会发兵攻打；如果与楚国亲近，晋国又会施以威胁。从公元前 608 年开始，晋国五次讨伐郑国，楚国也不甘示弱。因此，郑国在十几年间一直陷在战乱之中。

公元前 598 年，郑国参加了楚国和陈国举办的会盟。但是后来，由于晋国不断施压，郑国又不得不转头与晋国交好，而郑国的摇摆不定最终激怒了楚国。

楚庄王时期，楚国国力日渐强盛。虽然楚国在地理位上距离中原诸侯较远，但是楚庄王野心极大，时时刻刻都想要称霸中原。郑国紧邻楚国，楚庄王想要北上必须先消灭郑国，但是郑国与晋国的关系极其密切，楚国一旦出兵伐郑，晋国一定不会坐视不理，这样楚庄王面临的压力就比较大了，即牵一发而动全身。面对这种局势，楚相孙叔敖建议楚庄王亲自出征。

楚庄王自然是希望能够尽早在诸侯国中树立起威信，为争霸中原铺平道路。于是经过精心准备，楚庄王率领楚军攻向了郑国都城。到了郑国国都，楚庄王命令大军在城下安营扎寨，轮番攻击。郑国国都经受不住如此猛烈的攻击，城墙倒塌。

城内的居民看到城墙塌陷都以为大势已去，于是大声哭了起来，而楚庄王在即将攻陷郑国国都之际突然命令停止攻击。楚国的军士对此表示十分不解，他们不知道楚庄王攻城的目的原本就在于给郑国施压，而不是野蛮入侵。在紧急关头停止攻击，可以让郑国人感受到楚庄王以德服人的对外策略。

但是，楚庄王突然停止进攻的行为让郑国以为晋国的援军到了，于是他们加紧修复城墙继续抵抗楚军，并没有投降的意思。楚庄王见郑国仍然不屈服，就命令士兵继续攻城。就这样，经过三个月的对抗郑国终于力不从心，投降了楚国。

面见楚庄王的时候，郑襄公一副谦卑模样请求楚国就此班师回朝，为郑国留下血脉。楚庄王见原本的目的已经达成就答应了郑襄公的请求，准备退兵。此番举动再次引起了楚国军士的不满，他们认为楚国如此大费周章攻陷郑国，不该就这样毫无作为地回国。但是楚庄王还是没有改变决定，作为君主，他要为楚国将来的发展考虑。他对将士们说："这一次征讨郑国的最终目的不是要消灭郑国，而是要让其加入我们这一方阵营，达到威慑的目的即可。派大军征讨只是一种施压手段。"

在双方的商讨下，最终郑国和楚国立下誓约，歃血盟誓。为保险起见，郑襄公将弟弟送到了楚国做人质，楚庄王则按照约定带兵后退三十里。

原本与晋国交好的郑国叛离阵营，晋国自然不会坐视不理。在听说郑国遭到楚国围攻的时候，晋国就集结起了一支精英部队打算拯救郑国。荀林父被任命为大将，带着大军直奔郑国。此时的晋军内部没有了当初同仇敌忾的团结，只有各自为营的私心。荀林父身为元帅，却受到副将先縠的鄙视，另外还有一些不满自己官职低微的人心怀怨恨，导致晋军看起来虽然军容齐整，事实上十分脆弱。

一开始，晋国的目的是从楚君的手中救出郑国。可是当荀林父率军行进到黄河的时候就听说郑国已经被攻破且双方达成了新的盟约。荀林父认为继续行进也是劳累兵士，对晋国无益，便打算班师回朝。副将先縠对此提出了异议。他认为，晋军原本就是因为军队强大才能得到霸主之位，而如今不战反退，眼睁睁地看着郑国叛离到敌方阵营，实在是有辱大国风范。原本就心怀不满的先縠还斥责荀林父没有做主帅的能力，不愿服从指挥。

之后，先縠不顾荀林父的反对带着人马先行渡过了黄河。正在一筹莫展之际，荀林父手下的将士奉劝他干脆出兵。因为一旦先縠擅自行动，身为主将的荀林父需要承担罪责，最终可能导致处境尴尬。所以不如直接进军，就算战事不利也不是荀林父一个人的过错。

战争还未打响，晋军内部就已经四分五裂，为战败后逃脱罪责而做准备，战果可想而知。

为了保全自己，荀林父听取了手下的建议率领大军浩浩荡荡地渡过了黄河。楚庄王获胜正要班师回朝的时候听闻了晋军杀来的消息。经过数月的对战，楚军已经疲乏，所以楚庄王并不想与晋军对峙，孙叔敖也建议楚庄王尽快回国。但是楚国的将士们由于大败郑国正在好战之际，不少人还有一雪城濮之战战败之耻的想法，根本不愿意就此回国。

面对这种形势，楚庄王心中犹豫不决。后来，手下有人向他禀报了晋军内部不和的消息：晋军主帅在军中威信不高，副将又十分自负不听从指挥，将领不合晋军一定会吃败仗。主战派还对楚庄王说，国君的畏战会有损国家的声誉。楚庄王一听这些话便转了念头，命令大军严整齐备等待晋军到来。

郑国国君在得知了晋国援军到来的消息之后，就派出使者悄悄跑到晋军的营中解释一番，表示郑国并没有与晋国为敌的意思，只是为了保全国家命脉不得已与楚国结盟。郑国想要借机刺激晋军和楚军开战，使者诱骗晋军首领说现下的楚军由于多日对战已经兵困马乏，但是又因为战胜了郑军而十分骄傲，马虎大意。因此，只要郑国和晋军里应外合就一定能打败楚国。

先縠好战且自视甚高，所以在听到郑国使者的话之后十分高兴，他盲目认定此次交战一定能够彻底打败楚军，收服郑国。军中一些人同意先縠的主张，但同时另有一些人看出了郑国的用意：郑国弱小，无力对抗晋、楚，于是就想出引诱双方对战的计策，并在暗中观察形势。如果楚国战败，郑国就撕毁条约再次投靠晋国；如果晋国战败，就依附楚国。假如是这样的话，晋军攻打楚军无异于自取灭亡。

一时间，晋军内部意见无法统一。正在争吵的时候，楚庄王的特使来到了晋军营中，表现得十分谦卑，他表示楚国并不敢得罪霸主晋国，希望晋军能够尽快离开。对此晋军并不领情，态度强硬地让楚军离开郑国。

之后，楚庄王再次派人前往求和，晋国便同意了楚国的请求。就在双方确定了结盟日期之时，晋国内部出现了问题。晋国的议和代表由于请求升迁未果而心生怨恨，之后便致力于让晋军打败仗。后来，晋、楚双方果然因此二人打了起来。

孙叔敖看晋军大兵打来，就命令楚军先发制人迅速发起攻击。荀林父一时不知如何应对，就让人在军中击鼓，宣布重赏渡河者。一时间，军中兵士争先恐后上了船。由于人数太多，那些先登上船的人害怕船受不住压力而沉没就砍掉了后来人的手，场面十分惨烈。

晋军在楚庄王的追赶之下溃不成军。经过这一战，楚国的威望得到进一步提高，扩展了其在中原地区的控制范围。

局势分析

楚庄王虽然统治着南方边陲国家，却很懂得中原大国以德服人的治国方略。在扩张地盘的过程中，楚庄王一直强调以德服人，禁止将士盲目杀戮积攒罪孽。因此，楚军内部十分团结，上下一心。

逐鹿中原一直是楚国君主的梦想。邲之战大败晋国，让楚庄王如愿，此后的二十多年里，晋国都没有恢复元气。

说点局外事

质子外交

所谓"质"，原本的含义是抵押用的物品。质子外交中的质子则是用来换取敌对国家信任的筹码。在春秋时期，国际形势十分复杂，诸侯之间为了争夺中原霸权而纷争不断，这其中必定显现出各国的力量差距。有些国家想要继续生存下去就不得不将王公贵族送去他国。

我国古代的质子外交是一种重要的外交手段，指的是将本国的王子、世子等送到敌对国家，在战略上形成一种妥协的态势，因此这种质子外交多见于小国对大国的臣服。如果本国有人质在敌对国家手中，这个国家就要在外交上处处受制于对方。

没有人知道质子制度产生的具体时间，但根据史料推断，周、郑交质可能是历史上最早的质子外交事件。

从根本上讲，会出现质子外交这一现象的原因是利益。周朝自从迁都之后，王室力量日益衰弱下来，最终到了要和诸侯国交换人质以保持稳定的地步。不过，鉴于春秋时期已经礼乐崩坏，诸侯之间不再遵循礼制，想来会出现这种情况也就不奇怪了。

屈巫奔晋

公元前 599 年，陈国内部发生了一起叛乱事件：夏姬的儿子夏征舒由于看不过其母与陈灵公、大夫孔宁和仪行父的不耻行为，杀掉了陈灵公，之后自立为君。

为了平息叛乱，大夫孔宁和仪行父到楚国求援。楚庄王早就想要插手陈国之事，于是在接到求援之后立刻派兵攻入陈国。陈军敌不过强大的楚军，夏征舒的家族人全部被抓。之后楚庄王杀死夏征舒，扶植陈国的世子即位，陈国战乱就此平息。

当楚庄王见到夏征舒的母亲夏姬的时候，被她的美貌所折服，后将其带回了楚国。一开始楚庄王打算将这个绝世美女占为己有，但是考虑到君主以事业为重，贪恋美色只会给自己和国家带来厄运，于是忍痛割爱将夏姬送给了连尹襄老。

夏姬是我国历史上十分著名的女性，这不仅因为她美丽的外表，更是因为她"杀三夫一君一子，亡一国两卿"的行为。夏姬本是郑穆公之女，美如天仙但是淫乱成性，在还没嫁给夏御叔之前便与庶兄私通。几年后，其庶兄去世，夏姬就嫁给了陈国的夏御叔，并生下夏征舒。夏御叔迎娶夏姬十二年之后去世，儿子夏徵舒继承了他的名位和地位。

陈灵公因为贪图夏姬的美色，之后被杀死，甚至将陈国的基业拱手送给了楚庄王。楚庄王虽然喜欢美人，却能以国家事业为重，由此可见其霸主风范。不过，楚庄王的大臣申公屈巫却对夏姬的美貌垂涎三尺，他一方面奉劝楚庄王不要因为沉迷女色而耽误国家大事，最后落得淫乱君主的恶名，另一方面却时时刻刻想要将美人占为己有。

楚庄王将连夏姬赐给了连尹襄老，襄老自然喜不胜收。只可惜没过几日，由于前线战事紧急，襄老不得不前往晋楚对战之地，而且不幸死在了箭下。襄老死后，夏姬又与他的儿子黑要勾搭到了一起。

黑要早就对夏姬有非分之想，只是碍于情面无法将其占为己有。襄老一死，黑要再无顾虑，甚至没有半点要为父亲报仇的心思。襄老死在前线，尸骨也被带到了晋国。然而他的儿子黑要却对此漠不关心。很快，百姓就开始传出黑要与夏姬的不齿之事，这让夏姬的处境十分尴尬。

晋、楚邲之战后，郑国依附于楚国，于是原本是郑国女子的夏姬生出了回归郑国的念头。但是想要离开楚国需要一个合理的理由，所以当夏姬听说襄老的尸首被晋国带走的消息之后，就想要以带回襄老尸骨的借口逃出楚国。

夏姬虽然美貌，却也不过是一介女子，在当时的时代背景下很难凭借一己之力改变现状，必须想办法找可信的人提供帮助。正在这时，一直想要得到夏姬的屈巫出现了。屈巫在了解到夏姬的困境之后，急忙派人告诉夏姬他愿意提供帮助。

楚成王时期，屈氏一族在楚国的地位很高，当时出任申公的屈巫也是一个有权有势的人。为了讨好夏姬，屈巫不惜花费重金收买了夏姬身边的人，并借由收买之人向夏姬倾吐爱慕之情，之后向夏姬承诺会帮她回归郑国，但条件是夏姬不可嫁与他人。夏姬接到屈巫的消息心中十分高兴，就同意了他的要求。

之后，屈巫写信给郑襄公，提出夏姬想要回归郑国的事情并让郑襄公派人到楚国迎接她。楚庄王对此毫不知情，当他看到郑国派来迎接夏姬的人时就向大臣询问缘由，屈巫立刻站出来解释说：现在晋国和楚国交恶，只有郑国能够从中调停，而夏姬想要迎回襄老的尸骨就必须回到郑国。

襄老战死前线，尸骨未寒，楚庄王没有理由阻挡夏姬，就准许她返回郑国。就这样，夏姬在屈巫的帮助下顺利地回到了郑国。屈巫一看计划成功，立刻给郑襄公送去重礼请求他成全自己和夏姬的婚事。郑襄公一想屈巫在楚国地位极高，又深受楚庄王宠信，答应这桩婚事对郑国没有坏处，于是就答应了屈巫的要求，表示愿意成全二人。

见郑襄公答应将夏姬嫁给他，屈巫就派人将襄老的尸首换了回来，此事三国君主均不知晓，屈巫一手操控了三国的外交事宜。

公元前 591 年，楚庄王去世，楚共王即位，时局也发生了变化：楚共王希望与齐国结盟共同攻打晋国，屈巫主动上前表示愿意作为使者前往齐国。屈巫之所以这样主动，是因为楚国使者出使齐国必须经过郑国。只要抓住这次机会，屈巫就可以永远留在郑国了。

楚共王哪里知道屈巫的心思？没有多想就将他派了出去。屈巫考虑得十分周全，在出使齐国之前，他就收拾好了家中的珍贵物品并暗中运到了郑国。但是在从齐国回来之后，他没有回到楚国而是直接留在了郑国，并另外派人将会谈结果告知了楚共王。此外，他还写了一封信给楚王，告诉他由于郑君执意要将夏姬嫁给他，所以他不能回楚国侍奉楚共王了。

看完信件后，楚共王非常愤怒，但是由于屈巫身在郑国，一时间也拿他没有办法。按照当时的惯例。如果楚共王想要降罪于屈巫，就必须先征得郑襄公的许可。就这样，处心积虑的屈巫终于留在郑国将夏姬娶进了家门。后来屈巫又想到，他虽然可以暂时不受楚王管制，但是郑国毕竟是楚国的附庸，难保将来不被谋害，于是他决定逃往晋国。

屈巫是楚国的重臣，听说敌方的大臣跑到晋国安家，晋景公喜不自胜。到达晋国之后，屈巫被晋景公封为大夫，又赐了封地，屈巫甚至将姓氏都改了。楚共王听说了屈巫奔晋的消息之后气得暴跳如雷。

楚国的公子婴齐和公子侧与屈巫曾经因为夏姬的事情结怨，看到屈巫叛逃晋国就怂恿楚共王严惩屈巫，未果。但是二人不肯放弃，又鼓动楚共王杀死屈巫的家人，于是整个屈巫家族灭于二人手下。

屈巫得知了家族被灭的消息之后悲痛欲绝，更坚定了他帮助晋国对抗楚国的决心。他建议晋景公扶植位于南方的吴国，计划将来晋国与吴国联手消灭楚国。

局势分析

屈巫是一名能文能武的贤才，据记载，他不但善于思辨而且精通军事，曾经在吴国教授吴人中原的战斗方法和经验。

吴国人历来英勇，但是缺乏先进的技术和作战经验，于是屈巫就建议晋国国君扶植吴国对付强大的楚国。晋国派人带着战车出使吴国，吴国十分热情地招待了晋国人。可以说，屈巫下了一步妙棋。在晋国的帮助下，吴国国力逐渐增强，并拥有了吞并其他小国的能力，成了楚国的心腹大患，楚王多次派兵与吴军作战都没有制服吴国。

最后，晋、楚两国经过多年的争斗之后成了中原地区的共主。

说点局外事

桃花夫人

息夫人是春秋时期十分著名的美女，容貌绝代，生得面若桃花，目似秋水，因此后世也称她为桃花夫人。息夫人原是陈国国君陈庄公的女儿，名妫，因此又被称为息妫。出生于春秋时期的女子无法决定自己的命运。息夫人也是如此，她的婚姻十分曲折。息夫人长大之后就嫁给了息侯。

当时，蔡哀侯是一个十分荒淫的君主，有一次，蔡哀侯趁着息夫人探亲的机会设宴款待息夫人。当他看到息夫人确实如传说中风华绝代的时候，不免起了非分之想，于是在酒席之间，蔡哀侯就说了一点轻薄无礼的话。息侯听说了这件事，被蔡哀侯的行为惹得十分恼怒，就开始寻思着报复蔡哀侯。

后来，息侯发现楚、蔡两国之间存在的间隙，就打算借着楚文王之手灭掉蔡国。蔡哀侯不知是计，最终被息侯俘虏，并被押往楚国。这件事之后，蔡哀侯保住性命回到了蔡国，此时的他已经对息侯恨之入骨。

为了报复息侯，蔡哀侯找了个机会对楚文王说："要说世间的女子，美貌的确实不少，但我还没有见过比息夫人更美丽的。"楚文王一听，就动了歪心思。过了不久，楚文王到息国巡防，叫息夫人过来作陪。楚王看到息夫人，发现这人的相貌果真是倾城倾国，一时间也就忘了分寸。但是楚国强大，息侯不能当即发作，只好强压着怒火回绝楚文王的荒诞要求。楚文王一听，当即勃然大怒，命人将就把息侯给绑了起来。这样，息侯成了阶下囚，息夫人则被带到了楚文王的宫中，随后变成了文夫人。

据说，息夫人与春秋时期的很多美女不同，她虽然容貌惊人，却并不是一个以色示人的轻薄女子。可以说，恰恰相反，息夫人个性鲜明，也有治理国家的才能。这一点在她成为楚国夫人之后得到了体现。作为一介女子，息夫人能够提出选贤任能、劝课农桑的建议，后宫在她的治理下也更加井井有条，并进一步成了楚文王的贤内助。

另外，息夫人的足迹遍布整个河南，为中原文化同楚文化的交流和发展做出了重大贡献。但是在春秋乱世，女人的地位十分低下，基本等同于战争中的战利品，即使是公侯之女，很大程度上也只是政治工具，根本无法决定自己的命运。

齐晋鞌之战

公元前 589 年，晋国和齐国之间爆发了鞌之战。邲之战之后仅仅 8 年，鞌之战就爆发了。邲之战后，晋国的国力遭到了沉重的打击，地位远不如从前了。西有秦国威慑，北有白狄侵扰，东有赤狄祸乱，晋国陷入了来自四面的威胁。相反，战胜之后的楚国则联合了秦、齐、吴越等国家控制了中原地带，声望和地位如日中天。

当晋国和楚国为了争夺中原的霸主之位打得不可开交的时候，东部的齐国却安安稳稳地称霸东部地区。齐国在齐桓公死后，国力大大削弱，失去了中原霸主的地位。尽管如此，相对来说齐国还是一个颇具实力的强国。齐国与晋、楚和秦几个国家相对独立，只是不断侵犯魏国和鲁国这些小国，扩展其在东部的势力范围。

如果三大强国想要完全称霸中原地区，就必须处理好与齐国的关系。晋国和楚国僵持阶段，双方出于战略考虑都与齐国交好。然而，在邲之战后，晋国的力量减弱，齐国也不安分起来，想要与晋国争夺霸主之位。

公元前 592 年春天，郤克代表晋国出使齐国，邀请齐国君主前往晋国参加盟会。一同前往齐国的还有鲁国代表季孙行父、曹国代表公子首和卫国代表孙良夫。碰巧的是，这四位大臣都有不同程度的生理缺陷：郤克跛脚、季孙行父秃头、公子首驼背、孙良夫有眼疾。

当时齐国的统治者齐顷公，是一个做事不太稳重的人。他自视甚高，从心底里看不起晋国。齐顷公的母亲萧夫人听说郤克身有残疾的事情之后，就心生好奇想要看个究竟，于是齐顷公就命人设置了帘幕，让萧夫人躲在后面观看。

萧夫人也不识大体，当她看到郤克跛着走上台阶的时候竟然失声笑了出来。为了羞辱这几位使臣，齐顷公甚至为他们找来有同样缺陷的几个人做车夫。齐国这种不尊敬使者的行为让郤克和几位外臣都十分愤怒，郤克生气地表示：只要不雪耻就不过黄河，另外三个国家的使臣也决定回国之后报告君主发兵讨伐齐国。

郤克心中恶气难消，一气之下提前回到了晋国而将下属留在了齐国。见到晋景公之后，郤克就将在齐国受辱的事情和盘托出，并且请求晋景公发兵征讨齐国。但是晋景公在听了郤克的报告之后认为事情还没有到要发动战争的地步，就拒绝了他的请求。之后，这件事一直围绕在郤克心头，让他无时无刻不想狠狠教训一下齐顷公。

没过多久，晋国内部发生了政变，郤克掌握了国家的军权。眼看时机成熟，郤克又建议晋景公出兵讨伐齐国。这一次，晋景公没有反对。齐顷公看到晋军来势汹汹，就将自己的儿子送到晋国做人质求和，晋军这才退兵回国。

齐顷公心有不甘，又自知敌不过强大的晋国，就出兵攻打弱小的鲁国。公元前 589 年，齐国攻破鲁国的边境并且包围了龙邑。然而让齐顷公没想到的是，自己的宠臣竟然在攻城的时候被守城的军士抓到了。齐顷公爱惜大臣，就以签订盟约为条件要求鲁国放人。守城的将士哪里吃他这一套，随后就把这位齐国大臣杀死了。

见状，齐顷公非常气愤，带领着大军攻破龙邑，一路向南杀去。这时候的卫国趁着齐顷公出兵鲁国攻打齐国，双方大军相遇于新筑。卫穆公派出的主将之一正是当初出使齐国的孙良夫，他知道卫军实力弱小很难抵挡住齐国的军队，但是既然已经相遇就不如一战到底，于是双方展开对决。结果卫国军队果然打败，孙良夫经人相助才得以逃脱。

孙良夫兵败，自感无颜面对国君便直接跑到了晋国，请求晋国出兵攻打齐国。同时，鲁国也派来使者求助。而且两国使者都找到了当时的权臣郤克。郤克早有攻齐之心，一看眼下时机成熟就立刻将详情告知了晋景公，希望国君允许出兵。鲁国和卫国一向是晋国的盟友，晋景公发现齐国不顾晋国的颜面肆意攻打其盟友，就任命郤克为主将带领大军讨伐齐国，之后，晋军前往鞌地。

公元前589年六月，晋军和齐军在鞌地展开决战。齐顷公态度傲慢，竟然在战马未披战甲的情况下冲向晋国的军队。对战刚一开始，郤克就被齐国兵士射来的飞箭伤到，他没有因此放弃继续击鼓指挥军队作战，只是和身边的人说自己受了伤。实际上，为他驾车的解张也在交战之初受了重伤，但是他却因为不想影响士气而选择保持缄默继续作战，车右郑丘也一直站在最为危险的位置，两人鼓励郤克为了大局着想忍住疼痛。

之后，解张亲自驾车率领军士冲向齐军，齐军见晋军如此勇猛就开始连连败退。追击中，齐国大夫逢丑父抓住机会与齐顷公交换了衣服和位置，最后被晋军所擒。晋国的军士以为逢丑父是齐顷公，就将他献给了郤克。郤克一看是逢丑父才知道上当了，随即想要杀掉他。但是他转念一想，逢丑父以身家性命保全国主，是一个忠义之人，不如将他释放以鼓励那些愿意以死侍奉君主的人。

齐顷公率军多次杀入晋军之中寻找逢丑父，未果，只得带着残兵败将回到了国都。晋军在郤克的带领下一路杀入齐国，齐顷公终于投降。战后，齐顷公归还了之前占领的鲁国和卫国的土地，又献上宝物以求和，但是晋国要求齐国将萧夫人送到晋国做人质，而且提出齐国要更改田垄的方向（齐国所有面向晋国一方的土地，其田垄都必须由南北向改为东西向。晋国在齐国的西面，若齐国田垄改为东西向，那么晋国兵车若进入齐国，自西向东，则一路畅通无阻）。这个要求无疑是强人所难。面对晋国的条件，齐国代表表示如果晋国执意如此，齐国只能冒着灭国的危险再次请战了。

最后，在诸侯国的调停下，晋国才终于肯与齐国讲和。齐、晋鞌之战让晋国的霸主地位更加稳固，齐国则遭受惨败。齐顷公的一次怠慢，差点招致了亡国的后果。

局势分析

"两国相争，不斩来使"，意思是即使是两个正在进行殊死对战的国家，见到对方的使者也会礼让有加，体现出礼仪之邦的气节，更何况晋国和齐国之间并没有很大的矛盾。一般情况下，就算国君对这个国家存有怨恨，也应该表现得合乎礼仪，但是齐顷公却如此粗心大意，无礼地对待各国使节，实则是一种为国家埋下祸根的举动。

这次战争使晋国走出了与楚国在邲地对战中失败的阴影，再次巩固了晋国在中原的霸主地位。

■ 说点局外事 ■

上古八姓

关于我国的上古八大姓氏，有两种说法。一种说法是：姜姓、姬姓、妫姓、姒姓、嬴姓、姞姓、姚姓、妘姓；另一种说法是：姜姓、姬姓、姚姓、嬴姓、姒姓、妘姓、妫姓、妊姓。

姜姓的人将炎帝奉为始祖，由于炎帝神农氏出生在姜水，故此得名；姬姓的始祖是黄帝，黄帝之所以姓姬，是因为其常年居住在姬水；妫姓和姚姓的得姓始祖是虞舜；姒姓现存的后人非常少，其得姓始祖是大禹；姞氏的得姓始祖也是黄帝；妘姓的人是祝融氏的后裔。

弭兵会盟

所谓弭兵，指的就是停止、平息战事。春秋时期，诸侯国之间混战不断，给国家和百姓带来了深远的灾难和痛苦，人们期望着和平的到来。

晋国和楚国之间经历了长久的战争，国家需要休整，军民需要休养。无休止的战争只会不断削弱国家的实力，让一个大国逐渐沦为他国的饵食，同时百姓对和平的期望也越来越强烈。春秋时期中叶，考虑到国内情况和当时的大趋势，晋国和楚国决定握手言和，休养生息。

为了推动晋国和楚国讲和，宋国出了不少力。公元前 580 年到公元前 546 年，宋国两次邀请晋国和楚国举行会盟，史称晋楚弭兵会盟。弭兵会盟顺

应了潮流，也符合各个诸侯国的利益，因此起到暂时减少大国之间战事的效果。不过，一旦国际局势稳定下来，各国国内的矛盾便日益凸显了出来。

晋国和楚国自从崛起之后为了中原霸权争斗了近百年，经历了几代君主。吴国在晋国的扶植下逐渐崛起，楚国开始疲于处理内忧外患。在两国相争期间，周边的小国屡屡被卷入战争的漩涡之中，其中以宋国和郑国尤其明显。由于宋国和郑国处于晋、楚两个强国之间，因此常年战火不断。

公元前 582 年，晋景公偶然之间遇到了钟仪。钟仪是最早在我国历史上留名的琴师，原本是楚国人，但是在楚国与郑国对战的时候被抓到了郑国。晋景公发现钟仪穿着楚国人的衣服站在检阅的队伍之中，就对他产生了兴趣。之后郑国国君听闻晋景公打听钟仪的情况，为了讨好晋景公，他就将钟仪献给了晋国。

晋景公见钟仪时时刻刻都是一身楚国人的打扮，就向他询问祖上的情况。钟仪回答说："祖业是乐官。"之后他又为晋景公弹奏了一曲。钟仪的琴技十分高超，而且演奏中带有浓郁的楚国地方特色，晋景公听了钟仪的演奏之后大为感动。

之后，晋景公又向钟仪询问楚王的情况。钟仪表现得十分真诚，他对晋景公说自己已经离开楚国太久了无法告知景公楚国现在的情况。据他所知，楚共王的老师都是经过楚庄王精心挑选的，当时身为世子的楚共王每天都要跟着老师学习，而其他关于楚王的事情他并不知道。

后来有人向晋景公谏言：钟仪确实应该受到礼遇，但是如今为时局所迫，晋国和楚国急需找到言和的理由。如果晋景公将钟仪送回他的祖国，也算是做个顺水人情。晋景公认为大臣说的有道理，便给了钟仪大量的礼物让他带回国面见楚王。

楚王得罪了屈巫之后，屈巫献计晋王扶植吴国。日渐昌盛的吴国成了楚国的强大威胁，这时候的楚国不得不集中力量镇压吴国，所以当楚王看到晋国主动示好时心中也十分高兴，随即派人前往晋国与晋景公互换了礼物。就这样，从表面上看起来晋国和楚国的关系出现了缓和。

两个国家之间关系的缓解很快引起了宋国的注意，宋国大夫华元认为这是一个促成晋国和楚国结盟的好机会。一旦晋、楚交好，战乱就会平息，这对于身处两国之间的宋国来说是非常有利的。华元是宋国的六卿之一，朝中重臣，平日里与其他国家的权臣之间也有往来，于是他就凭借这层关系，开始积极筹备晋、楚两国之间的会盟事宜。

公元前 579 年，华元的心愿终于得以达成，晋国和楚国通过会盟达成了暂时的和解。这次会盟在宋国的西门外举行，史称"弭兵会盟"。两个国家分别派出了代表，约定双方停止继续交战并且要在对方遭遇危机的时候出手援助，平时可派出使节互通有无，就这样两国结为盟友。弭兵会盟在一定程度上稳定了当时大国之间交战不停的国际局势，但是由于条件不充分，这次会盟的根基并不稳固。

晋国与楚国之间积怨已久，一次会盟顶多能够起到暂时缓解局势的作用，两国百年间的矛盾岂能依靠一份盟约得到彻底解决？实际上，晋国和楚国之所以会同意签订盟约，很大程度上是因为两个国家的内部局势不安定，希望可以休养生息以消除后顾之忧。也就是说，一旦形势出现转机，两个国家会毫不犹豫地撕毁盟约继续争霸之战。公元前 575 年，晋、楚鄢陵之战爆发，弭兵会盟的成果被付之一炬。这次对战以晋国的胜利告终，标志着双方再次进入了对立的状态。

之后，晋、楚两国之间内部大臣之间的争斗逐渐升级，甚至抑制了王权的发展，国内形势日益紧张起来。不过，随着两国旧主的先后离世，新君主改变了治国政策，体现出了对国家和百姓的关怀。在晋国致力于对内安抚百姓、对外温和交好的同时，楚国也因为征战不断而急需修整。于是，晋、楚两国之间的关系再次出现了缓和的可能性。

公元前 546 年，晋国和楚国之间出现了和解的意向，其他大国，如齐国和秦国也希望战乱能够平息。于是，宋国的大臣再一次向诸侯国发出邀请，举行第二次弭兵会盟。宋国大夫向戎到达晋国，与新君主阐明了国际形势和利害关系，晋国便同意了向戎由宋国出面举办会盟的请求。

公元前 546 年夏季，当时的十四个诸侯国集体参加了第二次弭兵会盟。这次会盟之后，中原的整体形势发生了变化。会盟后四十年没有发生大的战事，但是由于各国约定由晋、楚国共为中原霸主，小国的负担变得更加沉重，不得不同时受到两个国家的压迫。另外，第二次弭兵会盟还约定齐国和秦国两个强国与晋、楚地位相当，无需臣服于两大霸主。

随着国际形势的缓和，各个诸侯国之间的内部矛盾日益尖锐，各国君主发现必须适应潮流，于是就进行了全方位的改革。第二次弭兵会盟符合了各个诸侯国的利益，也顺应了民心，因此和平的局面维持了较长的时间，争霸的战场也开始逐渐转移到了吴、楚、越等国。

局势分析

第二次弭兵会盟历时两个多月，期间各个诸侯国之间，尤其是晋国和楚国之间争吵不断。由于诸侯国之间积怨已久、隔阂很深，所以会盟会场的气氛并不是很好。晋国使节发现楚国人个个在暗中藏有兵器便心生怀疑，幸好会场中有善于处理外交事宜的大臣打圆场，才没有让矛盾激化。

由于当时晋国和楚国已经没有多余的力量继续抢夺霸权，因此会盟约定由两个国家平分天下。从表面上看，楚国从这次会盟中占尽了便宜。但是面对诸侯国的压力，晋国只能接受这些条件。虽然晋国的大臣奉劝君主从长远角度着想，不要贪图眼前的小利，但实际上这正是晋国已经无力争霸的体现。

说点局外事

华元送琴

华元是春秋时期宋国的六卿之一，四朝元老，在宋国有着举足轻重的地位，可以说是宋国的一根擎天柱。华元一生侍奉了宋昭公、宋文公、宋共公、宋平公四位君主，在任期间，他促成了历史上著名的第一次弭兵会盟。

不过，除了这件事以外，史料上有关宋元的记载还有很多，"华元送琴"就是其中之一。在我国，"号钟""绕梁""绿绮""焦尾"被誉为"古代四大名琴"，而华元献给楚庄王的礼物就是四大名琴中的"绕梁"。

有关"绕梁"的得名，从《列子》中可以得知。相传，曾经有一个名为韩娥的歌女因为断了钱粮，不得已卖唱求食。当时的人们听过她的歌声之后都如痴如醉，甚至在韩娥离开三天之后人们仿佛还能听到那催人泪下的美妙歌声，回味无穷。此琴以"绕梁"命名，可见其音色的美妙。

华元曾经在楚国逗留，了解到楚庄王是个爱琴之人。为了增进宋国和楚国之间的友谊，华元投其所好，将费尽周折得到的"绕梁"琴献给了楚庄王。楚庄王一看，果然爱不释手，得琴之后整天不理朝政，只顾在宫中弹琴享乐。

楚庄王连续几日未上朝听政，将军国大事都放在了一边，这可急坏了他的王妃樊姬。经过樊姬的苦苦相劝，楚庄王终于意识到了自己在玩物丧志。为了让自己彻底断了沉溺其中的念头，最后将"绕梁"琴毁掉。自此，中华大地上再无"绕梁"之音。

秦晋麻隧之战

公元前 578 年，晋国联合宋、卫、鲁、周、曹、齐、邾、滕等国发动了一场针对秦国的战争，历史上称这次大战为麻隧之战。

自从崤之战，晋国的争霸之路开始同时受到楚国和秦国的影响。秦、楚联盟，晋国被迫两线作战，国力衰退。晋、楚邲之战晋国大败，又不得不将中原霸主的地位拱手让给楚国。为了树立威信，再次登上霸主之位，晋国开始调整对外政策。简单来说，晋国君主定下了这样的目标：制衡楚国、拆散与楚国相关的联盟势力、消灭狄人。

北方的狄人一直是晋国的心腹大患，这一次晋国集结重兵将白狄赶跑，同时消灭了赤狄，解除了一直以来存在于后方的危机。但是如果晋国想要与楚国争霸中原，还必须解决邻国秦国的阻碍。

为此，晋国开始奉行与楚国暂时交好的政策。公元前 582 年，晋景公将楚国的战俘钟仪送回了楚国，并让钟仪带了大量的礼物送给楚王。之后，楚王也派人送了回礼以示修好。公元前 581 年，晋国又派大夫回馈了楚国的礼物。就这样，两个国家延续了一段时间的和平状态。在用各种手段稳住了楚国之后，晋国就着手联合齐、鲁、卫等等诸侯国商讨伐秦大计。

实际上，晋国和秦国自从崤之战后交恶，一直战争不断。晋厉公即位之后，希望能与秦国举行和平谈判。为了试探秦国的态度，晋厉公曾经邀请秦君到令狐会面。但是秦君不仅不愿出席，而且在会议结束后就撕毁了条约，暗中联络楚国伐晋事宜。秦国没有想到，楚国在拒绝了秦国的联盟要求之后还将其计划告知了晋国。

公元前 579 年，秦国为了打击晋国与白狄联手，之后晋国打败了白狄军，并于第二年前往周都。到达王城之后，晋军与宋、卫、鲁、周、曹、齐、邾、滕八个诸侯国的军队碰面准备攻打秦国。对此，周王室持赞同态度，并派兵援助。

公元前 578 年，晋国派吕相带着绝交书赶往秦国。实际上，与其说是绝交书，不如说是檄文更加合适。晋国在文中陈列了秦国的罪状，目的是为博取诸侯国的同情与援助，同时为晋国联军出征寻找借口以掩人耳目蒙蔽楚国。

这篇檄文谈到了晋国与秦国曾经的友好关系，晋国内乱之后，两位公子重耳和夷吾出逃国外都曾经受到秦国的礼遇。韩原之战之战后，秦国又纳晋文公入晋。晋文公时期，晋国已经报恩。但是后来，秦国未经晋国君主同意就与郑国结盟，晋文公未作计较。晋文公去世之后，秦国不仅没有派人前来吊唁，甚至还趁机攻打郑国意图拆散郑国与晋国之间的同盟。之后两国之间大小战役不断，晋国因此遭受了巨大的损失。

文中还指出，楚国国君也认为秦国反复无常，诸侯国对秦国的做法深表心痛。如果秦国愿意就此与晋国结盟，那么晋国就会和诸侯国一起退兵；如果秦国一意孤行，那么晋国也没有办法命令诸侯国撤军，只得一战。

秦国遭遇了各个诸侯国的声讨，却没有退缩的意思，之后举全国之兵对抗诸侯联军。于是，晋厉公率领大军浩浩荡荡杀向秦国。据史料记载，当时秦国的兵力不及联军兵力的一半，而且晋国出师有名，秦国处于完全的劣势。公元前 578 年五月，诸侯联军和秦军均到达麻隧地区，大战随即爆发。秦军由于在实力上与联军差距太大而败下阵来，之后慌忙逃走，联军穷追不舍一直追击到侯丽才班师回朝。麻隧之战后，秦国的国力锐减，无法再对晋国争霸构成任何威胁。至此，除了楚国以外的大国都臣服在了晋国脚下，晋国距离重振霸业又进了一步。

局势分析

史学家认为，晋、秦麻隧之战是晋景公霸业的持续。麻隧之战爆发之前，秦国与晋国已经进行了多次交战，其中比较有名的有"河曲之战""令狐之战""辅氏之战"等。从崤之战到麻隧之战的这几十年间的战役，多以晋胜秦败为结果，由此可以看出秦国国力和晋国的差距。

晋国自晋襄公时期，开始被迫面对楚国和秦国的联盟势力，军队同时于东西作战，疲于应付。对此，晋国想出了拆散两国联盟的计划。晋国表面上是讨伐秦国实则是在为攻击楚国取得霸主地位做准备。

开战之前，晋国发表的绝交书是春秋时期最长的一篇战斗檄文。这篇文章的用词十分犀利，蕴含了超高的政治智慧，晋国为了达到出兵合理化的目的在文中抹黑了秦国过去的作为，让秦国确确实实成了孤立无援的国家。

麻隧之战后不久，晋国与楚国在鄢陵对战大获全胜。至此，晋国重新坐上了霸主的位子。

说点局外事

中国古代乐器

我国的古代乐器种类繁多，在音质、音色上也有很大的差异。从大量的历史文献中我们也可以发现：古代的中国人对于音乐已经有很高的造诣，不管是在音律、诗词还是乐器上都已经达到了相当高的水平。

我国的古典乐器是按照"八音"来分类的，即金、石、土、革、丝、木、匏、竹。"八音"的分类依据是制作乐器的材料。在《周礼·春官》中，人们可以找到相关的记载。"八音"中的乐器在我国古典文化中占据着重要的地位，也被称为"华夏旧器"，属于中华本土的民族乐器。

我国古代十大乐器有鼓、笙、埙、琴、瑟、笛、箫、编钟、二胡、琵琶。

我国十大古典名曲有《高山流水》《梅花三弄》《春江花月夜》《汉宫秋月》《阳春白雪》《渔樵问答》《胡笳十八拍》《广陵散》《平沙落雁》《十面埋伏》。

"琴棋书画"是我国传统的文化技艺，其中琴占据首位，由此可见琴在人们心目中的地位。作为我国古典文化中地位最高的乐器，琴一直被文人君子们视作高雅与友谊的象征，古有俞伯牙摔琴谢知音，时至今日琴的魅力仍然不减当年。古代文人以抚琴为乐，并创作出了大量的琴谱、琴曲，丰富了我国的音乐文化。

古琴的历史十分悠久，是一种拨弦乐器，在我国有各种称谓，如玉琴、瑶琴等。如果按照"八音"来分类，古琴属丝。原本的古琴有五根弦，经过人们的实践改造之后变成了七根。琴在日常以及宫廷生活中都起着重要的作用。如今，琴已经成为中华民族文化的象征之一。

晋楚鄢陵之战

公元前 570 年前后，晋国和楚国分占南北两方，此时两国之间的争霸战打得是难解难分。当时位于中原地区的郑国一直在晋、楚两国之间摇摆不定，在楚共王将汝阳之田送给郑国之后，郑国就投靠到楚国的阵营之中。

郑国的背叛行为使晋国大为恼怒，于是，晋厉公决定起兵伐郑。可是这一阶段晋国的内部也并不稳定，当时的军政大权主要掌握在郤氏家族的手中，大夫伯宗为此曾向晋厉公建议削弱郤氏的势力，但是晋厉公却并没有将此事放在心上。后来郤氏听说了这件事情，就找了个理由将伯宗杀掉了。伯宗的儿子伯州犁为了逃命，就跑到了楚国，成为楚国的大夫，帮助楚共王对抗晋国。

晋国的中军元帅是栾书，刚刚登上帅位。为了树立权威，他一直都渴望能有建功立业的机会，因此，这次他全力支持晋国对郑国用兵。而晋厉公也想趁着眼下晋国国力强盛、士气高昂的机会一举消灭楚国，于是他就派人先去联合齐、鲁等中原盟国，并且将自己的精锐部队悉数调出，准备和楚军一决雌雄。楚共王知道晋国的打算之后，当然也不甘示弱，两军在郑国的鄢陵对垒，一场大战在所难免。

在晋军一路开到郑国的时候，齐、鲁两国的军队还在行进的途中，而楚军都已经在鄢陵备战了。晋军一路车马劳顿，楚共王就想趁着晋军还没有准备好时就开战，打晋军一个措手不及。当晋国的元帅栾书发觉楚军已经在咫尺之地的时候大吃一惊，就急忙和谋士商量对策。

当时军中有一位名叫士匄的将士提议使用削平灶土之法。最后，晋军按照士匄的建议，开始在军营中削平灶土。相隔不远的楚王看到晋军营内尘土飞扬，不知道是怎么回事，就问来自晋国的大夫伯州犁。伯州犁一眼就识破了晋国的计谋，回答楚共王说："这是在添灶坑，以排兵布阵。"

于是楚共王重新排兵布阵，准备在次日进攻晋军，而晋军阵营中的苗贲也向晋厉公献计：可以利用楚国左右军将领不合这一点，从楚军的两翼发动进攻，之后再合围楚共王的中军。

第二天，晋、楚两军对垒，楚共王亲自率领中军奋力前冲，结果被晋军中的魏锜一箭射中左眼。楚共王不愧一代雄主，他毫不犹豫地将箭拔了出来，然后对猛士养由基说："你射箭技术高超，请你为寡人报仇。"随后给了养由基两支箭。养由基不愧是神射手，一箭过去，魏锜就倒地而亡，从此养由基又被称为"养一箭"。

由于楚共王受伤，主将害怕军心不稳就命令楚军鸣金收兵。在晋国取胜的情况下，楚国并没有退兵的意思。可是这个时候，晋国的援军齐、鲁大军已经到达，距离楚军营地不超过二十里。楚军将领公子侧找不到好的对策，急得焦头烂额。这时候公子侧身边的侍卫心疼他，就用酒把他灌醉了。楚共王看到大敌当前，中军元帅居然醉卧帐中很是失望，就命令楚军趁着夜色撤退。并派人将公子侧绑在车上带回楚国，然后命令养由基断后，护送楚军。

第二天，公子侧一觉醒来，发现已经撤兵，这才意识到自己醉酒误事了。虽然很后悔，但是已经晚了。当时公子婴齐和公子侧是政敌，看到公子侧落难，公子婴齐落井下石，他派人对公子侧说："子玉在城濮之战中战败，自刎于连谷，现在将军醉酒误事，也请以军法行事。"公子侧知道，此次失败给楚国造成了极大的损失就引咎自杀了。楚共王本来不愿意责罚公子侧的，听到公子侧自尽的消息，十分伤心。

在这次战争之后，楚国国力受到重挫，基本上失去了和中原各路诸侯争霸的资格。鄢陵之战之后，楚国再也没找到翻身的机会，晋、楚两国之间长达几十年的争霸自此画上了一个句号，楚国从此蜗居于江汉之间。

局势分析

位于北方的晋国和位于南方的楚国曾经是春秋时期最为强大的两个国家。

由于局势的需要，这两个国家也曾有过短暂的和平，举行过弭兵之会。然而，和平是暂时的，在公元前578年的时候，晋国曾经筹备攻打秦国，几乎所有的诸侯国都参与了这次行动，甚至连周王室都给予了支持和帮助，但是，唯有位于南方的楚国没有参加。

晋国在对秦国的征伐最终取得了胜利，并且奠定了它在中原诸侯中的霸主地位，因此楚国就处于相对被动的局面。后来，本属于晋国附庸的郑国又背叛到了楚国的阵营，这使得晋厉公大为恼怒，于是就有了这场晋楚、之间的鄢陵之战，而这场战役最终以楚国的败落而告终。

说点局外事

"楚王好细腰"

楚灵王不仅仅残暴、好色、爱好奢侈，而且还有一个十分特别的喜好——偏爱腰细之人。《墨子》中记载了与此相关的事件。当初，楚灵王对腰细的大臣表现出了特别的偏爱，对体态臃肿的大臣嗤之以鼻。为了博取君王的喜爱，当时的大臣纷纷开始"减肥"，将每日吃饭量减到最小。为了达到瘦腰的效果，这些大臣每日起床之后都要屏住呼吸用力将束带勒紧。但是时间一长，大部分臣子的身体都承受不住这样的折磨，一个个饿得面黄肌瘦。

晋国栾氏之乱

获得中原霸主的地位之后，晋厉公为了在内政上改革，实现政权的集中，就想更换掉一批朝廷老臣。晋厉公有很多宠姬，他想提拔这些姬妾们的亲戚，从而利用外戚的势力来排挤朝中大臣的权力。有一个宠姬的哥哥叫胥童，很得晋厉公的宠信，他看清了晋国的局势，也想在这次政治变动中捞到一点好处。

当时胥童和权臣郤至结有私怨，栾书也嫉妒郤至的才华，所以两人就准备联手陷害郤至。栾书私下里沟通楚王，想让楚王出面除掉郤至，之后楚共王就派人到晋国去，欺骗晋厉公说，鄢陵之战实际上是郤至想趁乱迎接公子周回国即位，后来因为没有准备好，才没能成功。晋厉公将信将疑，就询问栾书。栾书马上回答说："确实有这种可能。"为了验证这个"阴谋"，晋厉公派郤至到洛京，殊不知栾书已经提前安排好让公子周会见郤至。

郤至不知是计谋，就到洛京拜见了公子周。这样一来，晋厉公真的以为是郤至私下里准备和公子周联合造反。此后晋厉公对郤至多有怨恨，一直都想找机会除掉他。

郤至在当时是晋国的权臣，就连他的家族在晋国都有着很大的势力。郤至兄弟三人在朝中为官做宰，飞扬跋扈。权臣胥童是胥克的儿子，而胥克在晋国赵盾主政时期曾经饱受打压。后来，赵盾去世郤氏接任也一样延续了赵盾的做法，对胥氏一族处处排挤，甚至以胥克有"蛊疾"为理由，将胥氏彻底逐出朝廷，胥氏一族从此衰落。因此可以说，胥氏和郤氏是有着不共戴天之仇的。

公元前 573 年，晋厉公在外狩猎，与妻妾饮酒作乐。郤至杀死了一头野猪，打算将其献给晋厉公，但是没想到这猪肉竟然被宦官孟张抢走了。郤至生气极了，于是把孟张杀死了。晋厉公知道后也非常生气，加之郤氏一族在朝中强势嚣张，想要杀死郤锜、郤犫、郤至三人（史称"三郤"）的想法更加坚定了。

郤至得知消息后，觉得被别人杀死不如先下手杀死对方，但是这个计划却没有得到郤至的同意，他说："如果你忠诚，那么就不应该反对君主的意志；如果你有智慧，也不应该伤害你的百姓；如果你勇猛，就不应该去想着发动叛乱。如果这三种美德你都不曾拥有，那么没有谁愿意跟随你，那死也没什么。"所以他们打掉了反叛的念头。

一转眼就来到了二月，晋厉公打算对"三郤"进行偷袭，于是命令胥童接手这个任务。胥童也有自己的想法，他希望趁这个机会，将更多的晋国大臣除掉，这样对以后自己执掌大权就更有利。

于是他暗中劫持了朝廷重臣栾书和中行偃，并且劝说晋厉公："君主，您如果不把他们除掉，总有一天他们会成为您最大的阻碍和祸患的。"但是晋厉公哪里忍心把他们都杀掉呢？于是说道："这一个早上就让我杀大臣，我哪里忍心呢？"胥童劝道："您不忍心杀害别人，但是别人却忍心谋害你。"

在任命胥童为晋国的卿士之后，晋厉公并没有听信胥童的谗言，而是将栾书和中行偃放了回去，并且还向他们道了歉，告诉他们自己只是想要惩罚"三郤"，并没有想要处置他们。尽管当时这两个人都谢了晋厉公的不杀之恩，但是却从此记恨起了这个君主，同时也害怕晋厉公此后还会听信别人的谗言将自己杀死。之后，这两个人开始暗中谋算杀死晋厉公。

在晋厉公出去游玩的时候，栾书和中行偃派人将晋厉公囚禁了起来，然后还将胥童杀死了，又将公子周从周朝迎接回国。就这样，在囚禁晋厉公的第六天，他们把晋厉公给杀死了，为他陪葬的只有一辆马车。十天后，公子周继承了王位，史称晋悼公。

局势分析

自古以来君臣之间就存在着权利的相互制衡，所以为了争权夺利，不免会出现一些政治斗争。其实晋厉公和郤至之间矛盾产生的原因，就在于晋厉公想要削弱郤至的权力，这也是当时晋国内部的政治诉求。然而，他的一些政治手段显然不够成熟。

首先，他偏听偏信。栾书在陷害郤至的时候，也欺骗了晋厉公，但是晋厉公竟然毫无察觉。郤至本来是不想谋反的，私下沟通公子周也纯属子虚乌有，但是晋厉公的行为却使臣下对他产生不臣之心，最终把谎言变成了现实。其次，他在下决策的时候不够坚决，经常反复无常，这实际上是大忌。俗话说："当断不断，反受其乱。"在对待"三郤"的这件事情上，晋厉公表现出了优柔寡断的一面，这为他的死亡埋下了伏笔。而从郤至的角度来看，大臣最为担心的就是君上昏庸，听信谗言，残害无辜生命。

虽然晋厉公最终将栾书和中行偃放了回去，但是却已经埋下了祸根。晋厉公因为一件事情的判断失误而让他人提高了警觉，失去了君臣之间最起码的信任，最后甚至为此丢掉了自己的性命。

所以，我们在做任何事情的时候，一定要考虑周全，万不可说一做二，致使他人对你失去信心和信任。

说点局外事

死不瞑目

相传，晋厉公被杀之后，中行偃经常做噩梦。中行偃经常梦到已经死去的晋厉公再次出现在他的面前，并向他索取性命。按照现代人的理论，中行偃的梦境正体现出了他心中的愧疚和罪恶感。但是古代的人十分迷信，中行偃因为总是做噩梦，心中十分恐惧。

后来，中行偃受命伐齐。在出征期间，他再一次梦到了晋厉公。这一次的梦境与以往不同：在梦中，中行偃与晋厉公产生了争执，但是因为理亏而被晋厉公砍下了头颅。而梦中的中行偃并没有被杀死，他在首级落地之后快速把自己的头颅捡了回来，然后逃走了。逃跑的途中，他又遇到了一个巫师模样的人。

过了几天，梦境中的人物竟然出现了。中行偃在行军的路上碰到了梦中的巫师，恰巧这名巫师与中行偃做了同样的梦。于是巫师就对中行偃说他的大限将至，一定会在当年死去。听了这话，中行偃犯反而不再害怕，专心讨伐齐国。很快，中行偃的身体就出现了异样，不过，他由于心怀愧疚，拖着病体指挥战斗。过了黄河之后，中行偃病情加重，眼看就要离开人世。

这时，不少晋国的大臣前来探视病情，却都被中行偃挡了回去。中行偃死后，二目圆睁，牙关紧咬，下人无法顺利将其入葬。后来，士匄站在中行偃的尸体前立誓：必定在让晋国在讨伐齐国的战争中获得胜利，中行偃这才闭上眼睛。

晋齐平阴之战

公元前558年，晋悼公因病去世，晋国由晋平公执掌大权。晋平公年幼，刚上任之时必然朝政不稳，一些诸侯国看到晋国的霸主之位有动摇的倾向就趁机动了伐晋的念头，想要争夺霸权。齐国是东方大国，却一直屈居晋国之下，这让齐国国君一直心有不甘。周王室为了与齐国保持良好的关系，还另外赐封了齐国，这让齐国野心更重，齐灵公不满于只做东方大国，一心想要与晋国一争高下。

有了周王室的支持，齐国趁着晋悼公刚死的机会肆无忌惮地攻打鲁国、卫国等中原小国，又公然背叛大国之间的盟约向南联络楚国一同对付晋国。

为了保护同盟国，维护霸主的尊严，公元前555年，晋国将鲁、宋、卫、郑、曹等十一个国家联合起来共同讨伐齐国，意图消灭齐灵公的嚣张气焰。

面对晋军以及联军的来袭，齐灵公也打算拼尽全力一搏。晋国联军的行动速度很快，双方不久就在平阴地区分别扎下营寨。为了抵御敌方大军，齐灵公命人修筑起一座城堑。只不过，仅凭一道简陋的城堑根本无法阻挡大军前进的脚步。

为了蛊惑齐军军心，晋军利用假人和旗帜制造了假象，让齐军以为晋军人数众多齐军难以抵挡，以此震慑齐灵公。很明显，晋国联军一方的计策更胜一筹。原本齐灵公也只是凭借齐国的大国之位妄自尊大，并没有必胜的把握，一看到对方兵多将广，不禁起了退兵的念头。十月下旬，齐灵公带着军队趁夜色返回了齐国。

虽然齐灵公的计划是在不惊动联军的情况下悄悄返回齐国，但是大军撤离不可能无声无息。齐军逃跑的当晚晋军发现平阴地区的鸟儿一阵骚乱，就料到是敌军趁夜色逃跑了，于是迅速起兵追赶。

齐军刚刚逃回国内就得知了晋国联军已经追上来的消息，一时间作为国主的齐灵公竟然想要直接弃城逃命，不管齐灵公手下的群臣如何劝谏，他都没有放弃一人逃命的想法。最后，太子光没有办法，只能靠毁掉父亲的马鞍将他留在了城内。

话分两头，楚国在被晋国打败之后蜗居南方，在齐国遭到晋国联军攻击之后，楚王执意要发兵攻打内政较为混乱的郑国以削弱联军的实力。当时郑国虽然是晋国的同盟国，但是内部却有人处心积虑地想要借助楚国的力量制造政变，扳倒政敌。

楚国的大臣公子午通过分析形势，建议楚王不要出兵。晋国与郑国是盟国，即使眼下由于新君登基使得晋国的内政显得比较混乱，但是晋国毕竟还是中原霸主，此时攻击郑国对楚国来说不是最佳时机，而且会进一步破坏楚国和晋国之间的关系。

大臣苦口婆心相劝，楚王仍旧一意孤行。无奈，公子午只得出兵攻打郑国。未承想，楚国出兵之后，郑国内部政局又发生了变化：意图谋逆的大臣发现计划暴露便不敢轻举妄动。楚国失去了攻击郑国的好机会，楚王希望借着郑国内乱逼迫晋国撤军的愿望似乎也很难实现。

原本楚国派出了两路大军合击郑国，但是当楚军到达郑国的时候，郑国都城已经被严密封锁了起来，守卫十分森严，一时无法攻陷。此外，楚军一路奔波到郑国，劳师动众，将士们已经感到十分疲劳，再加上水土不服，楚军的战斗力急转直下。见此情况，楚王没有办法只好又退了回去。

不过，楚王的行动确实对晋国联军造成了一定的影响。晋国攻打齐国都城的时候听说了楚军北上的消息，就开始担心本国由于后方空虚遭受攻击，之后没过多久，晋军就从齐国撤兵班师回朝了。

晋、齐平阴之战使得齐国的气焰和国力遭受了沉重的打击，齐灵公再也不敢像以前那样嚣张地图霸中原了，而晋国的实力则再次得到了提升，新生政权的霸主地位也日益稳固。

局势分析

晋悼公死后，齐灵公自以为在晋国的新生政权上看到了机会，于是利欲熏心的他便不顾一切挑起了与晋国之间的战争。在作战之前，齐灵公既没有认真分析国际局势，也没有考虑双方实力的对比；作战中，晋军稍微用计给齐军施加了一些压力，齐灵公就带着人马临阵脱逃，甚至在得到被联军追赶的消息之后打算弃军民、城池于不顾而逃命。齐灵公如此懦弱无能，毫无君主风范，却还一心想做中原霸主，可以说是自不量力。

春秋时期，几乎每个诸侯都有称霸中原的野心，但是如果对本国的实力和国际形势没有清醒的认识便盲目发动战争，只会引来杀身之祸。

在当时，齐国虽然占据了东方，但是实力和威望与晋国相比相去甚远，齐灵公决策失误，导致惨败。这场战役不但没有削弱晋国的国力，反而使其霸主地位更加稳固，而楚国也没有找到可趁之机。

说点局外事

齐灵公的怪癖

古代有着怪癖的君主并不在少数，齐灵公的怪癖就是看他后宫中的女人们穿男装。为了迎合君主的嗜好，后宫中的女子纷纷开始女扮男装。自古以来，宫廷的流行趋势都会流传到民间，成为百姓争相效仿的对象。一时间，全国的大街小巷上随处可见穿着男装的女子。

这种情况很快传到了齐灵公的耳朵里，齐灵公十分吃惊，即刻派专人到民间阻止这种风气的继续扩张。但是结果并不如人意，虽然朝廷制定了相对严苛的条令，女扮男装的现象仍然屡禁不止。齐灵公为此非常苦恼，却也找不出好的解决办法。

晏婴听说这件事情之后就入宫面见齐灵公，他对齐灵公说："问题的根源来自宫中和您本人。您禁止民间女子以男装示人，却在宫中任凭女子打扮。这样一来，纵使制定再严苛的法令，也无法制止臣民的效仿心理。因此，如果想要制止民间的风气，必须让后宫女子的行为加以收敛。"

齐灵公听到这番话才恍然大悟，之后颁布法令禁止了后宫中女扮男装的行为。法令实施之后没过多久，民间这种风气也消失无踪了。

子产改革

春秋初期，郑国曾经出现了一段时期的小霸局面。但是，这种繁荣昌盛的景象并没有持续太长时间，郑国的声音就淹没在历史的洪流中。随着晋国和楚国的强盛，被夹在两个大国之间的郑国陷入了尴尬的境地。与此同时，郑国内部还面临着严重的政治危机，一些有权有势的贵族大肆作乱，弑君谋逆者大有人在。在这种情况下，如果依旧沿用旧的制度，郑国难免遭遇亡国之祸。

子产是郑穆公的后裔，姓公孙，因此也被称为公孙侨或郑子产，是我国春秋后期著名的政治家和思想家，由于在郑国大胆地实行改革而受到世人的尊敬。他与孔子这位大思想家同期出现，并且得到了孔子的高度赞誉。公元前554年，子产成了郑国的相国。

掌握了国家大权之后，子产为了维护郑国的尊严和地位推行了很多有效的改革政策。当时的贵族肆意妄为，于是子产在上任之后决定推行法治解决这一乱象。随着时代的进步，一些遗留下来的政策已经不再适合当前局势，于是子产着手改革土地政策，承认私田的发展，使其合法化；任人唯贤，保留"乡校"，虚心听取百姓的意见和建议。子产任职期间，百姓安居乐业，郑国的政治局势趋于稳定。这使得郑国在群雄逐鹿中原的大环境下还能维护尊严，在国际上保留一席之地。

公元前 566 年，郑国内部爆发政变，郑僖公被郑穆公的儿子子驷设计杀死，之后幼子郑简公即位，子驷趁着这个机会掌握了军政大权，子国、子耳、子孔随之登上历史舞台。子驷掌权之后，与他素有不和的大夫尉止举兵造反，并成功杀死了子驷、子国和子耳。子产听说大夫叛乱一事之后便即刻联合朝中上下的大臣镇压了叛军。

由于子驷、子国和子耳均已被杀，叛乱平息之后，子孔便掌握了朝中大权。为了避免类似的事件再次发生，子孔制定了极其严苛的政策，甚至出台了限制大臣行为的准则盟书，这自然激起了大臣的不满。面对群臣的反对，子孔打算采取高压手段。子产在了解了事情的来龙去脉之后就劝子孔放弃这一想法。

俗话说"众怒难犯，专欲难成"，子孔因为治国心切而忘记了这个道理。子产奉劝子孔，让他以国家局势为重，如果一味一意孤行，终将触犯众怒。这次颁布的法令只是子孔的个人意愿，势必遭到大家的反对。继续这样下去，国家就要面临危机了。起初子孔是不愿意的，但是听了子产的这番言论之后如醍醐灌顶，即刻命人毁掉了法令，息事宁人。公元前 554 年，子产被拜为郑国相国。

为了威吓百姓，加强统治，春秋时期的统治阶层从不让百姓知晓刑法条例。这样，对于百姓来说，平时做事的时候就不得不战战兢兢，生怕行为不当触犯了刑法。然而，对于贵族来说，他们就有了随意惩治百姓的权力。上任之后，子产改革了当时盛行的刑律制度，将一向不示人的刑法公之于众。公元前 536 年，子产下令"铸刑鼎"。所谓"铸刑鼎"，就是将国家的法律条文铸刻在鼎上，然后让所有人都能看到并了解国家刑律。

子产的意图是让全国的百姓都能依照法律条文约束行为。了解了国家刑法之后，百姓就可以更加安心地生活。与此同时，贵族失去了特权。果不其然，这项新政在社会中引起了轩然大波。不仅是在国内，在国际上，作为霸主的晋国首先提出了反对。

晋国统治阶层认为，作为附属国的郑国进行如此挑战旧体制的改革，无疑是在挑战晋国的权威。晋国的大夫叔向写信给子产，斥责他的改革。叔向在信中写道：审理案件的时候之所以不用刑法条文是为了威慑百姓。一旦百姓了解了国家的法律，就会想方设法钻法律的空子，到那时，国家必定陷入混乱的状态。面对叔向的固执己见和不依不饶，子产没有放在心上。

在郑国，百姓原本的生活秩序因为新政的实施而被打乱，因此，在新政策实施的第一年，子产背负了不少骂名。但是，这项政策出现的三年后，郑国的社会风气有了明显的改善。政治渐渐清明，社会经济也得到了迅速发展，百姓终于发现了新政的好处，于是又纷纷对子产感恩戴德起来。

在我国历史上，子产"铸刑鼎"是一个标志性的事件，引发了诸侯国的改革风潮，我国第一次出现了向百姓公布的法令。子产的这一措施对郑国的改革起到了十分重要的作用。

为了广开言路，子产虚心听取各方意见，保留了"乡校"。"乡校"是一个比较特别的场所，人们可以在闲暇的时候到这里聊天，畅谈国家大事，发表意见。一次，子产一行在路过乡校的时候听到百姓正在谈论国事，其中一些人言辞激烈，话锋直指子产本人。子产身边的一位大臣也听到了这些话，认为乡校的存在是危害国家社稷的隐患，于是建议子产拆除这一场所。没有想到，子产却认为乡校的存在可以帮助他更好地倾听百姓的意见，有利于治理国家。

公元前542年，子产随君主出访晋国。按照礼制，晋国的国君应该亲自迎接郑国的国君，但是，晋平公却没有按照礼制行事。当时，郑国出访时期正赶上鲁襄公去世，于是晋平公借着这个理由待在了城中。晋平公的做法让子产十分气愤，于是他在派人拆了馆驿的围墙之后驾着马车破墙而入。

在听说了这件事之后，晋国的司空十分震惊，随即前往责问子产为何如此无礼。没有想到却被子产反将一军："作为小国，郑国这次是来向晋国进贡的。谁知不巧晋国国君无法接见我们，但是如果我们将这些贡品放在外面就有遭到破坏和偷窃的可能性。还记得晋文公时期，晋国从来不曾这样招待客人。如今，晋国的客人却要居住在矮小破旧的屋子里，马车无法进入，连安全都得不到保障。如果不这样做，我国的贡品该放在哪里？"

司空将子产的一番话转告给了晋平公。晋平公自知理亏，而且晋国的宰相也认为晋国有错在先。之后，晋平公又派司空前往郑国一行人的居处代为道歉，按照礼仪隆重接待了郑国国君，并且重新建立了新的馆驿。

局势分析

子产从政二十多年，为郑国的发展做出了突出的贡献，使得郑国不论在内政还是外交上都取得了一系列的成功。子产在位期间，以博大的胸怀接受百姓的意见和建议，并且愿意接受百姓的监督。孔子对子产的评价是"古之遗爱也"，可见他对子产的尊敬程度。

春秋时期，周王室衰弱，礼崩乐坏，旧秩序再也无法适应时代的发展。因此可以说，子产的改革顺应了发展的潮流，符合人民利益的新政策让郑国逐渐发展壮大起来，让郑国在严峻的国际形势之中仍然屹立不倒。

说点局外事

子产与鱼

一次，子产在他人处得到了一条十分名贵的鱼，收到这份礼物之后，子产非常高兴，但却根本不舍得将它做成食物，于是他就派人将这条鱼放入家中花园的鱼塘里，还找来专人看管鱼塘。没有想到，看管鱼塘的仆人是个手脚不太干净的人。他听说子产都不舍得吃这条鱼，就认为它一定异常美味，之后便偷偷地把鱼吃掉了。

鱼就这样没了，此人害怕子产怪罪下来担待不起，就想了一个法子诓骗子产。他主动跑到子产面前，告诉主人："那条鱼十分灵活，刚一放入鱼塘中就不见了。"子产一听，还就当了真，以为这条鱼不该属于这里，也就没再追问这件事。此人看到被世人称赞无比聪明的子产竟然被自己的谎话骗了过去，就以为自己是个比一国宰相还要聪明的人。实际上，一个有大智慧、能够做成大事的人往往不在乎小节，这个家仆不过是以小人之心度君子之腹而已。

三桓弱鲁

从鲁庄公时期开始，鲁国内部就出现了"三桓"控制朝廷军政大事的局面。所谓"三桓"，指的是孟氏、叔孙氏和季氏三个家族。春秋时期，"三桓"擅政，他们将君主的威严和意见放置一旁，各自扩展着自己的势力，甚至建立城池拥兵自重。鲁国这种"公室卑，三桓强"的局面一直延续了四百多年。

其实，"三桓"的建立者是鲁桓公的儿子。鲁桓公有四子，鲁庄公以嫡长子的身份成为了鲁国君主之后，另外三个儿子就发展了自己的势力，成为鲁国举足轻重的大家族。由于"三桓"的势力实在太过强大，一直是威胁统治者权力的隐患，所以位于鲁国权力中心的势力和"三桓"之间的矛盾与斗争一直十分激烈。

公元前594年，鲁国进行了一次土地改革，开始实行"初税亩"制度。这一制度的实行标志着私有土地的合法化。自此，公私利益的斗争开始显现出来。鲁庄公的儿子襄仲一直希望能够铲除"三桓"的势力，他的儿子公孙归父继承了父亲的意志。但是，势力庞大的三大家族怎么可能让他轻易得逞？公元前591年，鲁宣王去世，季氏趁机问罪襄仲，并将公孙归父赶出了鲁国。自此，季氏家族的势力大增并逐渐独掌大权。

公元前542年，鲁襄公去世。季氏拥立姬裯为新君。此时，鲁国国君为鲁昭公。鲁昭公对"三桓"一直十分厌恶，总想要找个机会除掉这些心头大患，恢复王室的权力。公元前517年，季氏与邱氏之间因为斗鸡引发了一场不小的风波，这次事件成了鲁国内部动乱的导火线。

季平子和邱昭伯都喜欢斗鸡，在一次比赛中，两人产生了争执。当时，季氏在鲁国独大，因此季平子气焰嚣张地要求邱昭伯道歉，可是邱昭伯不肯。之后季平子凭借手中的权力占领了邱氏的土地。这下子可惹恼了邱昭伯，他联合与季氏不和的臧氏共同到鲁昭公面前弹劾季氏。原本鲁昭公就有除掉季氏的念头，而这时邱氏与臧氏共同提出要教训季氏，于是他就表示愿意支持邱氏与臧氏攻打季平子。

当时，季平子虽然掌握着朝政大权，但也不敢贸然与各方联合势力相抗衡，于是他主动要求归还邱氏的封地，赔偿损失并且自囚，但是鲁昭公并没有答应。"三桓"中的另外"二桓"深知唇亡齿寒的道理，他们担心季氏被消灭之后自己地位也不保，于是就密谋联合起来对抗鲁昭公，救出季氏。

"三桓"控制鲁国多年，势力雄厚，鲁昭公根本不是他们的对手。只用了一天，朝廷的军队就败下阵来。鲁昭公兵败之后，被迫逃往齐国躲避灾祸。后来，鲁昭公想要回国，但是，齐国君主担心此事对自己不利，就没有答应他的要求。鲁昭公没有办法，就转过头向晋国求助。没有想到，季氏听说了鲁昭公想要回国的消息之后就在暗中买通了晋国的大臣，因此鲁昭公最后也没有回到鲁国。

鲁昭公死后，鲁定公即位。过了几年，季平子也撒手人寰。季平子死后，鲁国随即爆发了阳虎之乱。阳虎本是季氏家族的家臣，但是他却设计将季平子的儿子囚禁了起来。鲁国王室被"三桓"牵制已久，阳虎之乱无疑起到了打压"三桓"气焰的作用。此时，齐国想要借着鲁国内乱的机会趁火打劫，没有想到反而让鲁国收回了失地。之后，鲁定公特意表彰了阳虎的功绩，并将与齐国对战中收回的土地赐给了他。

阳虎想要杀掉季平子的儿子，但是却在"三桓"发动的一次政变中让他跑到了晋国。鲁定公去世之后，鲁哀公即位。在位期间，鲁哀公想要借助国外的势力压制"三桓"，不料又被他们抢先了一步。最后，鲁哀公也在走投无路之下流亡国外。

可以说，自鲁庄公时代开始，鲁国王室就一直处在"三桓"的压制之下，实力弱、地位低，处处都要受他们牵制。鲁哀公时期，"三桓"的势力到达了前所未有的高度。这种情况一直到了鲁穆公时期才得到一定的好转。

经过一系列的改革，掌握在"三桓"手中的国家权力逐渐被回收，氏族的力量也越来越弱，鲁国王室终于建立起自己的威信，控制了整个国家。后来，季氏变成了一个小国，孟氏和叔孙氏则被齐国消灭。

局势分析

春秋时代是一个"礼崩乐坏"的时代。自从周王室衰落之后，以下犯上的事件屡见不鲜。鲁国最终没有跻身大国行列与晋、楚争夺中原霸权，也是因为其国内大夫擅政的情况十分严重。

"三桓"控制鲁国的时候，国内的赋税都有由他们代为征收，因此鲁国王室只能依靠臣子的救济来维持生活。在这种情况下，王室自然毫无威信可言，而这一切都源于鲁桓公没有处理好几位公子之间的关系。不过，三桓四分公室的局面也说明了历史正在悄然前进，表明我国古代封建社会正逐步在发展。

说点局外事

孔子与礼制

孔子是对我国文化影响最为深远的一位思想家之一，儒家学派的创始人，出生于公元前551年。传说，在孔子出生的这一天，人们惊异地发现原本浑浊的黄河水变得清澈见底。有人说黄河水清是五百年甚至一千年才能遇到的奇观，这也为孔子的身世铺上了一层浪漫的色彩。

孔子的祖先本是宋国人，后来因为躲灾避祸而迁到了鲁国。孔子天资聪颖，知识渊博，但是由于身处诸侯争霸的乱世，因此他的理论学说一直得不到重视，孔子也因此郁郁而不得志。直到晚年，他才被鲁国的君主赏识，得到了发挥才能的机会。

鲁国保留着很多礼仪制度，这些仪式制度对孔子来说很有吸引力。他从小就仔细研究周朝的各种制度，年纪轻轻就对此深谙于胸。后来，很多人都来向他讨教这方面的问题，其中不乏有权有势的贵族。

三十岁的时候，孔子开始招收门徒，设立私学，将他所知所想教授门徒与百姓，这让他的儒学思想和礼制教育得到了快速的传播。

第七章　晋国六卿之乱

晋国的霸主地位维持了百年之后根基开始动摇，六卿内乱之后，争霸之战的中心从中原诸国转移到了南方的吴与楚越之间。晋国再次活跃在历史舞台上的时候，已经是三家分晋时代。吴、楚鸡父之战后，吴国获得胜利，正式跻身大国行列。经过柏举之战，吴国再一次大获全胜，楚国的国君被迫出逃。到了春秋末期，诸侯争霸的中心由晋、楚和吴、楚两国转移到了吴、越两个国家之间。

晋国六卿争权

晋国六卿是晋国范氏、中行氏、智氏、韩氏、赵氏、魏氏等六个世袭家族的统称。公元前 633 年，晋文公在国内设置了六卿制度，到了晋平公时期，六卿即被上述六家卿族所垄断，军政大权旁落。公元前 403 年，出现了历史上著名的三家分晋事件，晋国的六卿时代自此结束。

晋国的霸主地位维持了百年之后根基开始动摇，表现为在国内局势逐渐混乱的同时外患不绝，曾经作为诸侯之首的强国，大权落入了"六卿"之手。国内政局堪忧，国际地位必然随之下降，使得晋国过去的雄风和威严消失殆尽。

六卿争权时期，由几位颇具能力的人共同主持朝政。后来，"六卿"之间微妙的政治平衡遭到破坏，晋国陷入内乱，国力急转直下，其他大国纷纷宣布脱离晋国的控制。这场内乱迫使晋国六卿中的两大势力退出政坛，晋国距离被韩、赵、魏瓜分不远了。

第二次弭兵会盟之后晋国和楚国约定共同统治中原地区，双方偃旗息鼓，使得中原诸侯之间的战乱暂时得到平息。但是，两国之间多年的战争使得各国国力消耗十分严重，晋国因此很快出现了衰落的迹象，虽然处于霸主之位，但是外强中干、名不副实。

与此同时，晋国在南方地区扶植的吴国却日渐强盛。当初弱小的吴国在晋国的帮助下不仅摆脱了楚国的压迫，而且反过来压制住了楚国，具有了逐鹿中原的实力。位于东方的强国齐国也在明君贤臣的治理下势力膨胀，具有了和晋国一争高下的能力。

齐国看到晋国已经失去了继续做霸主的威慑力，争霸野心再次高涨。公元前503年，齐景公召集郑国和魏国与之结盟，他的目的是联合位于东部地区的诸侯国共同对付晋国，最后让齐国成为新的中原霸主，但是卫国君主并不愿意脱离晋国联盟，于是拒绝了齐国的邀请。齐景公一看和谈无效，便发兵征讨。卫国敌不过强齐的侵犯，很快便在重压之下叛逃晋国联盟。

卫国的背叛让晋国国君十分恼火，于是派出赵鞅攻打卫国。赵鞅是我国历史上著名的政治家、军事家、改革家，拥有杰出的外交才能。赵鞅在晋国身居高位，是晋国六卿之一。在任期间，他凭借大胆的改革和开明的治理获得了很好的口碑。

赵鞅在接到国君的命令后率军围攻卫国。卫国国小，不得不以几百户人口作为贡品向晋国求和，赵鞅将这些人都交给同族赵午管理。后来，赵鞅希望能够将这几百户人口从邯郸迁到晋阳作为劳动力开垦土地，但是遭到了赵午的拒绝。

当时，晋国六卿都在积极扩张势力，争夺朝中大权，赵鞅也在晋阳修建驻地。被赵午拒绝之后。赵鞅十分气愤，于是就将赵午杀掉了。从表面来看，这只是一场家族内部的纷争，但是对于内政已经十分复杂的晋国来说，赵午的死亡足以破坏六卿之间的关系，导致政局失衡。六卿争权持续了很长的时间，影响深远。自从骊姬之乱之后，晋国再未遭遇过这样的内乱。

晋文公设立六卿之后，几家世卿相互制约，从表面上维持了晋国政局的平衡。但是后来的六卿都想要独霸政权，因此早就因为不断地明争暗斗而积怨颇深。而且，赵鞅是六卿之首，位高权重，早就成了众矢之的。俗话说

"树大招风"，所以赵鞅杀赵午就成了之后一连串事件的导火索。

赵稷是赵午的儿子，在父亲被赵鞅杀死后，他为了报仇而起兵造反。赵鞅的下属建议他先发制人，但是赵鞅不同意。原来，按照晋国的惯例，率先起兵发难的人会被认为是叛乱者，即使胜利也不得人心，理亏而心虚。赵鞅是一个深谋远虑之人，不希望因为一时冲动而成为罪人，坏了大事。

不过，赵稷也自认为是占理的一方。他认为，父亲赵午并没有做错事，赵鞅却因为想要抢夺劳动力而将他杀害，所以此事是赵鞅首先发难，他起兵是为了保护邯郸家族的安危。后来，范氏与中行氏两大势力联合起来，赵鞅的府邸遭到了两家家兵的围攻。虽然赵鞅在事发之前做了应对的准备，但势单力薄，多亏了下属安排周密，他才最终杀出包围跑到晋阳。

范氏与中行氏穷追不舍，带兵一路杀到晋阳。赵鞅坚守城池，拒不应战。不过他知道，如果敌对两家不断进攻，晋阳城迟早是保不住的。就在危急之时，形势出现了转机。晋国六卿的另外三家——知氏、韩氏和魏氏决定帮助赵鞅解决危机，三家联合共同对抗范氏与中行氏。

实际上，知氏、韩氏和魏氏之所以帮助赵鞅，是因为他们意识到如果放任范氏与中行氏吞并赵氏，那么在他们实力大增之后自己可能也会步赵氏后尘。为了预防这种情况的发生，他们必须要采取必要的行动。

在范氏与中行氏攻打赵鞅的时候，范氏家族内部出现了内乱，其中一部分人反过来攻打两国联军。在这种情况下，范氏与中行氏打算转头攻打晋王。然而，一旦率兵攻打国君就相当于造反叛国，顷刻间就会失去民心，所以有谋臣建议挑拨三家之间的关系化解危机。当时的晋国由范氏与中行氏掌权，实力超群，因此家族的领导人根本不听劝告，随即率领大军攻向了晋王。

如此一来，范氏与中行氏立刻成了众人讨伐的对象，全国人民在征召下联合起来对抗两家势力。如果仅仅与晋国六卿比较，范氏与中行氏的势力确实很大，然而面对全国军民的征讨，范氏与中行氏根本无力抵挡。在晋国再无立足之地的范氏与中行氏出逃到了其他国家，这样，身在晋阳的赵鞅也安全了。由于知氏、韩氏和魏氏的帮助，赵鞅解除了晋阳危机。

战后，知氏家族掌权人荀砾希望梁婴父能够代替荀寅的位置，但是鉴于居于六卿之首的赵鞅态度并不明确，他也不敢贸然行动。赵鞅的心腹董安于曾经在赵稷作乱时就曾劝赵鞅先发制人，他在听说此事之后，为赵鞅分析了时下的政局，认为让梁婴父代替荀寅对赵氏和晋国都没有好处。原本晋国的祸乱就是因为掌权人太多，如果再提拔梁婴父，无疑可能重蹈覆辙。

梁婴父听说董安于劝赵鞅放弃扶植他的念头，心生怨恨，于是他找了个机会向荀砾进谗言，让荀砾除掉赵鞅的心腹谋臣董安于。荀砾为了自家势力的发展听进了梁婴父的话，在与赵鞅会面时，他说赵鞅应该按照晋国的制度斩首先发起叛乱之人，董安于鼓动叛乱，所以当杀。

赵鞅自然是不愿意自剪羽翼的，但是如果以强硬的态度拒绝荀砾的要求，他又怕知氏会因此发难。董安于深知现在的赵氏没有能力参与内部争斗，于是他在得知赵鞅左右为难之后就自缢身亡了。赵鞅为此十分悲痛。

不过，董安于死后，其他氏族就再也找不到发难的理由了，随即四家世卿结成了同盟，准备共同对付出逃的范氏和中行氏。范氏和中行氏是赵鞅和晋国的心腹大患，如果不除掉，赵鞅就会一直提心吊胆。

晋国内乱刚刚平息，一直觊觎晋国霸主地位的齐国和其他势力就开始蠢蠢欲动了。在北面，狄人开始侵犯晋国；在东面，齐国联合了几个小国打算趁火打劫；晋国内部，赵午的儿子赵稷也开始不安分。

面对三股势力的围攻，赵鞅开始不知道该如何应付。不过很快，他就发现情况并没有想象的那样糟糕。狄人虽然屡次进犯，但是由于实力不足，并不能对晋国造成是实质性的威胁。而且，齐国联盟内部很快出现了分裂的局面，使得齐国不得不先处理内部矛盾而放弃进攻晋国。

借此机会，赵鞅等人联合起来猛攻范氏与中行氏，最后终于将其消灭。从此，晋国的六卿之争暂时告一段落。晋国六卿内乱之后，诸侯争霸之战的中心转移到了南方的吴与楚、越之间，而晋国再次活跃在历史舞台上的时候，已经是三家分晋时代。

局势分析

赵鞅是我国历史上杰出的政治家，奠定了战国时期赵国的根基。赵鞅与他的儿子赵无恤都在我国的历史上留下了浓墨重彩的一笔，被世人并称为

"简襄之烈"。

赵鞅的心腹家臣董安于也是一个富有文韬武略的贤才，他出生于史官家庭，从小接受了良好的教育。董安于懂得顾全大局，经常在赵鞅身边为他出谋划策。此外，作为赵鞅根据地的晋阳是就是由董安于一手建立起来的。为了赵氏的利益，董安于得罪了梁婴父，最终以其一人的性命保护了赵氏的安全，为赵鞅的事业奉献了一生。因此可以说，赵鞅的成功与董安于是密切相关的。

说点局外事

士 人

春秋时期，社会大环境发生了变化，周王室以及一些诸侯国的贵族的权力下移，于是中原大地上出现了很多游走于各个诸侯国之间的贤能之人，这些人被称为"士人"。士人往往能够通过自己的才能和努力得到诸侯、贵族的赏识，并且跻身于国家的上层社会中。

士人的出身其实十分复杂，难以统一。一方面，在礼乐崩坏的春秋乱世，士人是流动性非常大的一个阶层，结交的人物也是三六九等，但也因此，他们对社会产生了十分深远的影响。另一个方面，士人得到了一定程度的人身自由，不再受制于贵族阶层。

各个诸侯国之间的争霸给了这些士人一展才华的机会，各国君主的礼贤下士刺激了社会知识文化体系的发展。因此这一时期，私学大量出现，而伴随着私学的涌现，才华横溢的知识分子也是层出不穷。各方面处于混乱状态的春秋时代反而促进了士人阶层的崛起。

楚平王埋祸根

晋国和楚国之间互不相让，争霸战争持续了将近百年时间。但是，战争劳民伤财，双方都在持续的战争中虚耗了国力，终于出现了疲惫的态势。公元前545年，楚康王病逝，随即朝中发生了政变：他的弟弟公子围在害死了楚康王的儿子郏敖以及熊慕、熊平夏之后，自立为王，史称楚灵王。

楚灵王是我国春秋史上著名的昏君，穷奢极欲、残暴无能而且十分好色。在任期间，他只顾着自己享乐，残酷剥削人民，耗费巨资大兴土木。另外，他还极力扩张楚国的版图，搞得民不聊生，使得全国上下怨声载道。公元前532年，楚灵王率领大军出征徐国，但是却久攻不下。他的弟弟弃疾一看楚灵王出征在外有可乘之机，就怂恿两位毫无主见的哥哥发动政变。弃疾在得到子比和子晳二人的支持之后，就联合国外势力——被楚灵王攻克的陈、蔡、许等国家的军队攻陷了楚国的都城，之后三人掌握了楚国的权力。

打败了徐国之后，楚灵王十分高兴，根本不知道楚国内部已经发生了巨变。他身在前线，无法阻止弃疾等人清除自己亲信之人的举动。当楚灵王得知弃疾等人叛变的消息时，他即刻率领大军赶回楚国。机灵的弃疾抢先一步想到了对策，他发出了通告，让在外的将士们放弃继续拥护楚灵王，只要早些回国就可以被判无罪，而那些执意拥护楚灵王的将士们则要被诛杀三族。这一招果然奏效，在回国的路上楚灵王身边的人走的走、逃的逃，即便楚灵王为了立威杀掉了一些逃跑者也没能挽回局面。很快，楚灵王就陷入了无兵无卒的窘境。楚灵王身边有一些亲信没有逃走，他们奉劝楚灵王出逃他国暂避风头，留得青山在不怕没柴烧，等到积攒好实力，他还可以东山再起夺回王位。但是楚灵王深知自己因为暴虐无道已经惹得百姓厌弃，即便回到楚国也无法收服民心，再加上他四处征战已经得罪了不少国家，恶名在外，根本没有哪个国家愿意收留他。无奈之下，楚灵王选择了自杀。

楚灵王死后，消息首先传到了弃疾的耳中，于是他决定开始实施下一步的计划。当时，除了弃疾以外，都城中再无其他人得知楚灵王的死讯。弃疾借着楚灵王的名号散布谣言说楚灵王即将攻入都城，几日下来，都城之中便人心惶惶。等到时机成熟，弃疾派人到宫中给他的两位哥哥传递假消息，谎称楚灵王的大军已经进城，弃疾则被杀，让这两位哥哥快些逃命。子比与子晳不知是计便信以为真，两人面面相觑顿时没了办法。当初叛变就是弟弟弃疾的主意，二人根本没有考虑许多。现在楚灵王大兵压境，只有死路一条。于是，子比与子晳在不知真相的情况下双双自杀。

就这样，弃疾未用一兵一卒，只是假借已经死去的楚灵王的名号就除掉了两个最大的障碍，弃疾随即登基，成为楚国的新主，史称楚平王。楚灵王时期，楚国的国力消耗十分严重，频繁的征战使得士兵疲劳不已，百姓的生活困苦不堪。楚平王即位后，便宣布休养生息，五年内不再开战。在这五年内，楚国的国力得到了恢复。只可惜，这种平稳的光景并没有持续太久。

与楚灵王相比，楚平王算是一个比较有头脑的人，但是容易被他人左右的性格成了其致命的弱点。因此楚平王在任期间，冤假错案频发。另外，楚平王还是个贪恋美色之人，太子建就是楚平王在蔡国时候的私生子。即位后，楚平王将伍奢封为太傅，费无极封为少傅。

费无极是楚平王的宠臣，没有真才实学，只靠他的一张伶俐的嘴就博得了楚平王的宠爱。而太子建并不是一个无脑之辈，他十分尊重伍奢而对费无极这个人十分嫌弃。伍奢确实是一位正直的良臣，他曾经多次劝楚平王远离朝中油嘴滑舌的奸佞之辈，但是楚平王不听劝告，依旧对费无极宠爱有加。伍奢和太子建都对费无极嗤之以鼻并且与之日渐疏远，但是二人同时又是握有大权之人，为此，费无极心生嫉恨。为了消除二人的威胁，费无极开始盘算着将伍奢和太子建赶出王城。

楚平王按照之前下达的旨意休养生息了五年，五年之后便着手对外扩张的相关事宜。费无极一看机会来了，赶快劝楚平王派太子建到北方守卫边疆，并解释说这样可以在锻炼太子治国才能的同时安心南扩。楚平王认为费无极说的有理，就派伍奢、大将司马奋扬跟着太子建出发前往北方，守卫国家。出发前，楚平王还特别关照了将领司马奋扬要忠于太子建。

公元前 527 年，费无极提醒楚平王：太子建到了成亲的年纪，应该为他迎娶一名夫人。楚平王欣然应允，但是不知道该向哪一国提亲才好，于是费无极建议到向秦国求亲。秦国是西方大国，实力强劲。如果能与秦国结为姻亲，那么对楚国将来的称霸事业是大有好处的。楚平王想了想，就派费无极到秦国提亲。此时，秦国的君主秦哀公也有与楚国联盟的想法，毕竟楚国是南方的大国，结为姻亲对秦国来说没有坏处，于是秦哀公答应将自己的妹妹孟嬴许配给太子建。就这样，在共同利益的驱使下，秦、楚交好。

费无极发现孟嬴是一位世间少见的美女，而她身边的那名陪嫁齐国女子长相也十分可人，于是他顿时心生一计，先跑回楚国面见楚平王。费无极深知楚平王的脾气秉性：见到美女就想要占为己有，便在楚平王面前大肆夸耀了一番孟嬴，将孟嬴比作天仙下凡，世间少见。楚平王一听，并没有为太子建将得到这样一个美貌的夫人而开心，而是满怀遗憾地说道："可惜与孟嬴无缘。"

费无极察言观色知道楚平王已经中计，就又献计："孟嬴有一个陪嫁女子，长相也很好。因此，可以用一个调包之计将这名陪嫁女子嫁与太子建，孟嬴就是大王的了。"这番话正戳中了楚平王的心思，他也顾不得儿子的感受和国际问题了，命令费无极立刻着手经办此事。费无极要求这名陪嫁女子按照吩咐办事，陪嫁女子自然喜不自胜。毕竟相对于一个任人使唤的奴才，她更乐意做太子妃。就这样，费无极将孟嬴带到了楚平王的身边，而太子建则浑然不知地迎娶了一名陪嫁女子。楚平王得到了孟嬴这个绝世美女，心中乐开了花，从此对费无极的话言听计从。

得到了楚平王的完全信任之后，费无极终于开始着手离间楚平王与太子建等人的关系。费无极在楚平王面前诬陷太子建和伍奢因为得知了太子妃调包一事而心怀怨恨，已经在联合齐国和晋国密谋发动叛变了。楚平王信以为真，当即将伍奢召来加以盘问。伍奢知道有人陷害他和太子建，就规劝楚平王不要听信谗言，因为宠信佞臣而疏远了自己的亲生儿子。但是此时的楚平王已经听不进任何金玉良言，以为太子建等人确实在暗中密谋，就将伍奢抓了起来，之后派大将司马奋扬追杀太子建。

司马奋扬头脑清醒，他很清楚太子建是无辜的，但是又不能违背楚平王的命令，于是他就想了一个权宜之计：他先派人暗中向太子建通风报信，然后才出发。这样，当司马奋扬到达的时候，太子建就已经出逃到别国去了。之后，司马奋扬自行绑缚回到楚平王面前领罪。楚平王见状就问司马奋扬究竟是谁泄露了消息，司马奋扬毫不犹豫地回答道："是我。"接着解释道："您曾经对我说要忠心于太子建，于是我按照先前的吩咐像服侍大王您那样服侍太子建。"楚平王一听，也想不到理由继续责备司马奋扬，便又将他放了。

太子建自从出逃，至死也没有回到楚国。一国太子就这样流亡国外，客死他乡，实在可悲可叹。

局势分析

自楚康王末年开始，楚国就已经被一股难以言喻的不安情绪所笼罩。楚平王在位期间，在内休养生息，对外帮助蔡、陈复国，并与秦等国家交好。从这个角度来看，楚平王确实比楚灵王聪明多了。

楚平王头脑相对清醒，他知道要在百姓面前保持一个良好君王的形象，但同时，他又严密监视着手下的臣子，那些霸道骄横的权臣自不必说，就连朝中受人尊敬的重臣他都无法接纳。即位之初，楚平王信守诺言，让百姓和国家得到了喘息的机会，注重安抚民众，收买人心，表现出一副与人和善的样子，与诸侯相处也算和睦。

楚灵王好战，他曾经在消灭了蔡国之后让一些贵族远离家乡迁居到楚国，后楚平王则又将这些公族放回了故乡。楚平王时期，虽然国内国外的形势相较楚灵王时期有所好转，但是朝中贪污腐败成风。众臣摸清了楚平王的性情，深知只要对楚平王表现出顺从，便可以高枕无忧。公元前516年，楚平王去世，把烂摊子留给了他的下一代——楚昭王。

说点局外事

陈蔡之厄

现代人常常用"陈蔡之厄"比喻在出行或者旅途中陷入食宿方面的困境。这个成语的来历要从孔子为了宣传自己的理论而周游列国时候的事情说起。孔子在带着学生周游列国期间，曾在陈国和蔡国逗留过一段时间，但是孔子的学说并没有引起这两个国君的重视。后来，楚王派人邀请孔子到楚国去。

陈国和蔡国的大臣一看楚王亲自派人来邀请孔子，顿时傻了眼，实际上，他们都很认可孔子的才能，认为他具有针砭时弊的才能，说的话也能切中要害。孔子曾经长期在陈国和蔡国之间游走却没有得到两个国家的重用；现在楚国派人来请孔子，一旦孔子成为楚国的助力，那么对陈、蔡两国来说就构成了威胁。

经过商议，两国大臣决定派兵围困身处郊外的孔子一行。再说孔子和他的学生一行人，在面对士兵围困的时候毫无办法，只得看着粮食慢慢耗尽。可是，即便饥饿难耐，孔子仍然坚持给学生们讲课。孔子的其中一个学生子路面沉似水，他向孔子询问其中道理，孔子则表示即便是君子也会遇到走投无路的绝境，但是君子与小人是不同的，在面对困境的时候并不会惊慌失措。

天无绝人之路，后来，孔子的另外一个学生子贡将他们一行人救了出来。在两国的反对下，楚王也没有再提任用孔子之事。

吴楚鸡父之战

公元前519年，位于南方的吴国和楚国的争霸赛进行得如火如荼。为了夺取淮河流域的战略要地州来，两国又展开了一场旷日持久的战争。

自从晋国和楚国举行弭兵会盟之后，南北局势相对稳定，在相当长的一段时间内没有发生战争。这一段时间内，吴国的国力得到了极大的提升。吴国本是楚国的属国，从吴王寿梦的时代开始崛起，逐步要求摆脱楚国的控制。这时，位于北方的晋国要同楚国争霸，但由于距离遥远，晋国想让吴国从背后牵制楚国，之后便和吴国结盟。

从吴王寿梦开始直到吴王僚的六十多年间，吴、楚之间的战争几乎没有停息过，但是由于淮河流域被楚国所控制，所以吴国的攻势并没有得到很大的进展。因此，在经过一系列的准备之后，吴国就把目光投向了淮水流域。

鸡父是楚国南端的重镇，位于大别山的西北地区。作为淮水上游的地理位置要冲，鸡父向来是兵家的必争之地。如果吴军此战告捷，那么不仅可以掌握整个淮水流域，而且还能为日后攻破楚国郢都做好战略准备。

在吴军兵临楚国的边境时，楚令尹阳匄正生病。听到了吴兵来犯边境，他就联合六个小国的军队带病出征了。但是到了鸡父之后，他的病情越来越严重，最终卧床不起。之后，阳匄就让司马蒍越统帅楚军和六小国军队向州迎击吴军。当司马蒍越指挥与吴军决战的时候，阳匄病逝，但是司马蒍越并不得军心，无力指挥大军同吴作战，于是就下令撤军回国。

当时的吴王僚对这次战役也并没有十足的把握，觉得不如尽早撤退，但是却遭到了公子光的阻止。公子光认为，楚军阵营虽然人数众多，但是军心不齐，那些属国都是迫于楚国的淫威才被迫跟随，军队的战斗力也并不强。而吴军尽管人数少，却能够做到以少胜多、以弱胜强。

他对吴王僚说："跟随楚国的都是些小国，他们是不得已来参战的，楚令尹病死军中，楚军气势衰落。我们先打败楚军，然后分兵攻打胡、沈、陈三国，诸侯军定会大乱，之后我们便可以乘胜追击。"于是公子光率军追击楚国联军到鸡父。

为了达到奇袭楚军的目的，吴军决定在晦日作战，并在不宜出兵的日子里出兵给联军来个措手不及。公子光设计了一个诱敌深入的作战策略：先派三千名吴国的囚徒进攻胡、沈、陈三国之军，再将吴军的主要的兵力藏在这些囚徒的后面。

在吴国的囚徒和楚军的对阵中，由于囚徒们没有受到过正规的训练，所以还没有开始出击就已经完全没有了阵势。楚国以为吴国的三军大乱乃是晦日出兵的结果，认为己方可以轻而易举取得胜利，于是就纷纷前去抓捕吴国的俘虏。就这样，楚军一步步被引入了吴军的埋伏之中。

吴军以吴王僚为中军、公子光为右军、公子掩余为左军，三军向楚军的阵营杀来。以楚国为首的六个小国兵败如山倒，楚军也没有作战的准备，因此被杀得大败而逃。这一战，吴军大获全胜。

对吴国来说，这次战争的胜利具有重大的意义。它不仅仅使吴国在对楚军的作战中有了可进可退的资本，还使楚国的元气大伤，并从进攻势态转入防守，这为吴国以后的胜利奠定了基础。再加上北方晋国对于楚国的威慑，楚国从此不再主动挑起战争，而是蜗居长江汉水流域。

祸不单行，在这次战争结束后楚国又发生了太子建的生母被吴军劫走事件。当年太子建的母亲本是蔡国人，后来太子建遭到迫害被楚平王逼杀，而他的母亲还在蔡国。这时太子建的母亲已经年老色衰，无望重新得宠于楚王，就希望和远在吴国的孙子胜见一面。

鸡父之战后，吴国获得胜利，并打败了作为楚国属国的蔡国，于是吴王就让公子光潜入蔡国偷偷将蔡夫人接到吴国去了。这时驻守蔡国边境的楚国将领司马蘧越听到这个消息，觉得是自己看守不力就自杀谢罪了。

局势分析

鸡父之战是我国春秋史上一次著名的以少胜多的战役，是吴国和楚国争夺江淮地区最为精彩的一战。此战之后，整个春秋时代的战略格局发生了巨大的变化，争霸的中心从中原的地区逐步转移到了江南、淮南地区。吴国开始正式加入大国争霸的行列，参战国由中原诸国变成了吴、越等国家。

其实，从兵力方面来看，吴军在这场战争中处于相当不利的位置。另外，从地理环境来看，吴军的攻与守也是十分困难的。然而，在这种条件下，吴军却取得了最后的胜利。原因为何？纵观这次战争，我们可以发现吴军的统帅不迷信当时"晦日"的禁忌，依据对方的整体战斗力和客观实际部署作战，能够准确地抓住敌军的弱点，最终赢得了这场战役。

说点局外事

老子与《道德经》

老子是春秋时期的楚国人，我国历史上著名的思想家和哲学家，他做过一段时间的史官，与另一位伟人孔子有往来，据说孔子曾经向老子讨教过问题。此外，老子还创立了道家学派，因此老子也被奉为太上老君。老子著有《道德经》一书，书中体现出了大量的辩证哲学思想，因此后人将老子视为我国"哲学第一人"。

《道德经》被誉为"万经之王"，作为我国历史上首部完整的哲学著作，《道德经》阐述了道与德的含义，提出了事物的正、反两面之说和君主为政之道，用"道"解释了宇宙万物与自然法则，讲求无为而治。作者老子用"道生一，一生二，二生三，三生万物"来解释他的理论，在他看来，"道"是世间万物的根本，是万物的依托。

伍子胥奔吴

伍子胥（公元前 559~ 前 484 年）原本是楚国人，后来成了春秋末期吴国的大夫，辅佐吴王消灭了楚国。他是我国历史上著名的军事家。伍子胥的父亲伍奢早年间被陷害致死，他本人也差一点惨遭毒手。后来，他逃往了吴国，成为吴王阖闾手下的重臣。

春秋时期，楚国是一个实力强劲的大国，为了争夺中原地区的霸主地位，楚国和晋国斗争了很长一段时间。然而最后，楚国并没有被强晋打败而是被一个名不见经传的小国——吴国所消灭。而伍子胥逃国则是楚国灭亡的前奏。

伍子胥的父亲伍奢是楚国的一位忠臣，楚平王时期，费无极因为害怕当时的太子建成为君主，就拼命挑拨楚平王和太子建的关系，并且诬陷伍奢，楚平王因此处死了伍奢。之后，费无极担心伍奢的两个儿子寻机报复，就诓骗二人前来，想要将他们一起杀死，

伍奢的大儿子是伍尚，二儿子就是伍员，即伍子胥。其实，二人都很聪明地猜到了被征召的原因，但是伍奢的大儿子是一个宽厚之人，即使知道即将赴死也没有逃跑的打算。伍尚在决定应召的同时劝弟弟伍子胥赶快逃出楚国，等时机成熟了再回来为一家人报仇。伍子胥十分悲痛，下定决心要报仇雪恨。事不宜迟，为了保全性命伍子胥以最快速度辞别妻儿离开了家。

在得知伍子胥出逃的消息之后，楚国的城门口就出现了悬赏他的告示和画像，能够抓到伍子胥的人可获得千金的奖赏。肩负着血海深仇的伍子胥愁得一下子白了头，不过这样一来，人们就很难再认出他了。

伍子胥逃出了楚城，又遇到了一条大江。前有江流、后有追兵，危机近在眼前。正在愁眉不展之际，江面上忽然划来一只小船，之后伍子胥乘着小船顺利地离开了渡过了天险。伍子胥知道是自己幸得贵人相助才逃出生天，于是就将随身带着的宝剑摘下，打算送给划船的渔夫以示感激。没有想到，这位渔夫只是淡淡地一笑，根本不要伍子胥的礼物。他对伍子胥说："如果能抓到你，就能在楚国加官晋爵，获得大量的财富。我连这些都不要，自然不会贪图你的一把宝剑。这把剑你还是自己留着防身用吧。"

伍子胥被渔夫的话深深感动，在对渔夫施了大礼之后就逃出了楚国。思前想后，伍子胥决定去吴国。到了吴国之后，伍子胥拜见了吴王僚，但是很快他就发现此时的吴国政局十分不稳定：吴国公子光密谋发动政变。

这位公子光就是后来的吴王阖闾，他野心极大，一直认为吴王的位子应

该是自己的，所以早早就动了杀掉现任君主的念头。但是，发动政变是关乎身家性命和国家安危的大事，因此公子光的行动十分谨慎。他想要一些贤才能人帮助他完成弑君大计，于是就想到了伍子胥，之后伍子胥向公子光推荐了专诸，说专诸可以帮助他刺杀吴王僚。

伍子胥怀揣复仇大计，想到一旦被卷进宫廷政变之中可能会有生命危险，于是就早早辞别了吴王，隐居到乡下。

公元前 516 年，楚平王病逝，楚昭王即位。吴王僚决定趁着楚国更换新君的机会兴兵攻打楚国。伍子胥听到了仇人楚平王去世的消息之后心中十分愤慨，于是加快脚步帮助公子光弑君篡位。吴王僚派大军出征楚国，吴国变得空虚。对公子光来说，这是一个千载难逢的好机会。

公子光在家中埋伏了兵士，之后宴请吴王僚，吴王僚则带着大批护卫到公子光家中做客，防卫十分严密。看到吴王僚到达，公子光就找了个借口来到地下室，然后让专诸把短刀藏在鱼腹中，随后专诸将菜献给吴王僚并可趁机杀了他。

吴王僚身边的侍卫虽然很多，但是谁也没有想到鱼腹中居然藏有武器，而前来上菜的专诸竟然是个刺客。没有人会阻拦一个上菜的侍从靠近君主，所以专诸就趁机走到了吴王僚身边，然后在人们大意的时候从鱼腹中掏出匕首刺死了吴王僚。吴王僚血溅当场，这突如其来的事件让在场的人震惊不已，之后，专诸被吴王僚带来的亲信杀死。

吴王僚死后，公子光终于登上了梦寐以求的王位，即吴王阖闾。伍子胥因为帮助阖闾夺得王位有功而成为吴国的重臣。在治理国家方面，伍子胥有着惊人的才能。新王登基不久，他就将吴国治理得井井有条。他在吴国实行了一系列的改革措施，重修了法制，刺激了农业和国家经济的快速发展。此外，他还善于挑选贤者能人为国家所用，这其中就有在我国历史上千古留名的孙武。在孙武的辅佐下，吴国的军事实力大大提高。

在吴国蛰伏多年之后，伍子胥认为报仇的时机终于到来。他向吴王献计，最后终于让吴国在柏举之战中战胜了楚国，攻破了楚国的国都。后来，楚国的大臣申包胥到秦国求救，好不容易才感动了秦君，而楚国在秦国的帮助下才再度复国。

局势分析

伍子胥性情刚烈，但也是一个能够忍辱负重之人。父亲和兄长被害死之后，他没有被仇恨冲昏头脑。为了报仇，他逃到吴国一待就是几十年，处心积虑帮助吴王阖闾夺位、治国，最终找到了复仇的机会。

消灭楚国的时候，楚平王已经过世很久了。但是伍子胥为了一泄心头之恨就命人将楚平王的陵墓刨开，在鞭尸三百下之后将尸体扔到了荒郊野外。

此外，伍子胥的才华也不可小觑。正是由于他的辅佐，吴王阖闾才能在短时间内建立起一个经济富足和军事实力强劲的国家。但是，从伍子胥鞭尸的事件来看，他的性格过于极端，心胸狭隘，因为一心复仇而忘记了顾全大局，这让后人对他的评价也是褒贬不一。

说点局外事

孙子与《孙子兵法》

孙武是春秋时期的齐国人，出生于贵族之家，从小就接受了良好的贵族教育。由于出身军事世家，孙武从小就对军事感兴趣并研读了大量的军事著作。他的才华在受到吴王的重用之后得以显现，被世人尊称为孙子。

当时，齐国的内部矛盾十分尖锐，家族之间斗争不断，这让孙武十分厌倦，于是他离开了齐国，打算转投别国实现自己的抱负。经过分析，孙武认为吴国具有新生大国的一切条件：吴王阖闾英明睿智，关心百姓生活，懂得任用贤臣，在他的统治下吴国展现出了新的气象。

吴国发生政变的时候，孙武在吴国隐居编撰兵法，经过长时间的观察，他终于决定在伍子胥的帮助下接触吴王阖闾。后来，孙武功成隐退，并在隐退期间潜心完善《孙子兵法》。西方人对这本巨著十分看重，这使得《孙子兵法》在世界战争史上起到了作用。

《孙子兵法》有十三篇，共计六千余多字，十三篇分别为计篇、作战篇、谋攻篇、形篇、势篇、虚实篇、军争篇、九变篇、行军篇、地形篇、九地篇、火攻篇、用间篇。经过世人的不断研究，发现《孙子兵法》具有极高的实用价值，因此孙武获得了极高的赞誉。

吴王阖闾中兴

吴王阖闾刚刚登上王位的时候，政权并不稳固。吴王僚被杀死之后，他的儿子庆忌为了躲避杀身之祸而出逃到了卫国。后来，阖闾听说流亡在外的庆忌正在召集人马准备杀回吴国为父亲报仇，于是阖闾与伍子胥开始商议这件事的办法。为了巩固政权，他们最终决定派人刺杀庆忌。

庆忌是一员大将，从小就练习武艺，臂力惊人，而且十分勇敢。因此，要想刺杀他并不容易。那么该派谁执行这次的任务呢？看到吴王阖闾犯了愁，伍子胥向他推荐了一位其貌不扬的刺客——要离。

要离是吴国人，平日里以捕鱼为生，长相丑陋、身材矮小却有着万夫不当之勇。此外，要离还有着过人的智谋和对祖国的一片赤诚忠心。他主动提出让吴王阖闾砍掉他的一只手臂，再杀了他的妻子，以取得庆忌的信任。

阖闾依照计策而行，之后要离逃到了庆忌处。在得知要离的遭遇之后，庆忌不仅没有产生疑心，而且对他十分同情，他以为要离同自己一样对吴王阖闾恨之入骨，就将要离留在身边委以重任——训练士兵。庆忌还与他共同商讨夺位大事。沉寂了一段时间之后，庆忌认为时机已经成熟，就准备起兵攻打吴王阖闾。在回国的途中，要离趁机在船上杀掉了庆忌，之后返回了楚国。就这样，吴王阖闾除掉了内部最为危险的势力。

吴王阖闾即位之初，吴国的国力羸弱。更为严峻的问题是，吴国的周围都是一些实力强大的诸侯国，这让阖闾产生了深深的危机感。为了让吴国繁荣昌盛起来，吴王决定实行改革，在伍子胥的辅佐下大力发展国内的经济，提高人们的文化水平。他推行了一系列促进农业发展的新经济政策以减轻百姓的负担，修建水利工程，发展农业，缓和社会矛盾。

在军事方面，吴王阖闾重用孙武，建立起一支军容齐整、战斗力强劲的国家队伍，大大提高了国家的军事实力。在伍子胥的建议下，吴王阖闾还重新整改了旧国都，建立起一座新的国都。经过不断努力，吴国的综合实力终于得到了显著的提高，具有了逐鹿中原的条件。

公元前 512 年，徐国收留了一员叛逃吴国的将领，吴王阖闾以此为由出兵征讨徐国。阖闾之所以盯上小小的徐国，是因为徐国是楚国的党羽。当时的楚国国力强盛，吴王深知，如果正面与楚国对抗吴国根本捞不到任何好处。然而，要想坐上霸主之位，吴国必须打败宿敌楚国。伍子胥和伯嚭等人与楚国积怨已久，自然竭力相助。伍子胥向吴王献上了"疲楚误楚"的计策，阖闾表示赞同。

吴国将军队分为三个部分轮流骚扰楚国，这让楚国军队疲于应付。靠着这个战略，吴军节节胜利，士气高涨。一时间，强大的楚国陷入十分被动的境地。公元前 506 年，吴国与楚国之间的决战终于打响。

这一战，吴国大胜，迅速崛起为一方强国，而楚国则遭受了沉重的打击。

局势分析

吴王阖闾之所能在即位之后建立起一个如此强大的国家，是有多方面的原因的。

首先，局势有利于吴国发展。晋、楚弭兵会盟之后，两个大国约定成为中原的共主。但是，并不是所有国家都想要维持这种平衡。我国有句古话说得好——"一山难容二虎"。晋国国君自从丢失了中原霸主的宝座之后就一直耿耿于怀，伺机夺回霸权。为了对付楚国，晋国才扶植了位于南方的吴国。楚国受到多方的侵扰，疲于应付，使得军队的战斗力下降。

其次，吴王阖闾本人是一个极具野心的政治家，有勇有谋，在位期间励精图治，成就了吴国的崛起。虽然有些人对他弑君篡位的举动表示不齿，但是阖闾登基之后确实显示出了过人的治国才能，使得吴国在短短的时间内强盛起来，不管是政治、经济、文化还是军事都得到了长足的发展。

另外，阖闾在外交方面的手腕十分灵活，他很好地利用了晋与楚国之间不可调和的矛盾，提高了吴国在诸侯之间的声望。

最后，吴王阖闾身边聚集了大批优秀的人才。吴王重用伍子胥处理内政大事，并将军事大权交给孙武。此外，刺客要离也为吴国的复兴立下了汗马功劳。要离也是一名可歌可泣的英雄人物，当他返回到吴王身边时，阖闾打算重赏他，但是要离却回绝了。他解释道，之所以愿意断臂抛妻做刺客，只是希望看到吴国的安定，百姓的幸福。之后，要离就自杀了。

在这些贤臣良将的辅佐下，吴王阖闾才终于在中原地区立下国威，达到了攻破强楚，向南伐越，并震慑住北方的强晋和强齐的目的。

正是以上的种种原因造就了春秋中后期吴国的繁荣昌盛。

说点局外事

延陵季子

季札（公元前577~前485年），春秋时期吴国人，是吴王寿梦的第四子，史称延陵季子。季札具有优秀的政治外交才能，深得吴王寿梦赏识。

公元前561年，吴王寿梦卧病在床，自知大限将至的他打算立季札为新君。但是由于不合礼制，季札也没有做君主的意图，他认为应该让吴王寿梦的长子诸樊继承王位。吴王寿梦见季札执意推辞，只好作罢，但还是留下了"兄终弟及，依次相传"的遗命。在吴王寿梦去世之后，诸樊即位。服丧期一结束，诸樊就打算让位给季札，没有想到季札不允。

为表决心，诸樊果断归隐田园，不再参与政事。过了十几年，诸樊去世，按照先王遗命，季札应该继承王位。但是，季札不想卷入政治斗争之中，再次回绝了。就这样，吴王僚上台执政。

季札口才极佳，是一位十分出色的外交家。他曾经代表吴国出使几个实力强大的诸侯国，与当时著名的晏婴、子产等人均有交往。在他的努力下，中原各国慢慢开始了解吴国这个新兴的大国。

季札不仅在外交方面拥有过人的才能，还是一位品德高尚的政治家，他偏爱结交当时的有识之士。为人高风亮节。"季礼让国""延陵挂剑"等事迹表现了他谦让、守礼、仁义、诚信等美德。为后世作了表率。

季札死后被葬在江阴申浦，墓前立有十字碑。

吴楚柏举之战

公元前 506 年，位于北方的晋国为了争夺霸权，以周王室的名义，联合参加召陵会盟的诸侯国准备对南方的楚国发起一场进攻。当时的沈国由于属于楚军阵营，就没有参加这次晋国的会盟。于是，晋国就指派蔡国攻打沈国。很快，蔡国就灭掉了沈国。

晋国在北方的行动惹恼了楚国，于是这一年的秋天，楚王又派兵攻打蔡国。同样位于南方的吴国看到楚国忙于开战就想趁火打劫。之后，吴王就和蔡昭侯结成盟国并准备在这年冬天攻伐楚国。

十一月十八日，吴军和楚军在柏举地区对峙，当时吴王阖闾的弟弟夫概认为，楚国的军队虽然庞大，但是其军队的首领子常却并不是一个好的将领。楚国上下军心不齐，将士们也没有为国家战死的决心。只要能够打败子常的亲兵，再派吴国的精锐部队向楚军发起攻击就一定能够取得胜利，但是夫概的建议并没有被吴王所采纳。

夫概认为人臣应当见义而行，不必待命。如果奋力一战，必然能够攻破郢都。于是他率领自己手下的五千精兵全力攻入郢都，并取得了胜利。吴王一看情势大好就希望乘胜追击，这时夫概说道："困兽之斗的力量是很大的，不如我们等到楚军将要过河的时候再开始战斗。"这次，吴王听取了夫概的建议，因此吴军又大胜了楚军一回。吴军在柏举之战中有着辉煌的战绩，五战五胜，一直打到了楚国境内。

楚国沦陷，楚昭王逃出郢都。为了断后，楚昭王命令将大象的尾巴上点火，用大象冲散即将追杀过来的吴军。楚昭王一逃到云中的时候遇到了强盗的袭击，于是又逃到郧地。但是由于楚昭王的父亲曾经杀死了郧公，所以郧国的斗怀一直有杀死楚昭王的想法。无奈之下，楚昭王在斗辛和斗巢的带领下又跑到了随地。这时吴国的士兵已经追杀到了随地，并逼迫随国交出楚昭王。当时由于楚昭王的哥哥子期和楚昭王长得很像，就提出由自己代楚昭王受过，让楚昭王趁机逃跑。后来经过随人占卜，显示把子期交给吴军没有好的结果就婉言拒绝了吴国的要求。吴国撤军之后，楚昭王为了表示对随国的感激之情，就同随国歃血为盟。

正在楚国一片混乱的时候，楚国的大夫申包胥从秦国搬来了救兵。秦军在沂地和吴军相遇，打败了夫概，之后在雍澨，吴、楚两国又是一场恶战。一开始楚军被吴军打败，后来秦军的到来又改变了局势。当时楚将子期以火攻的办法击退了吴军，之后秦、楚大军又一次大败吴军。恰好这时候吴国内部发生动乱，于是吴王在小胜楚国之后，俘虏了楚国的大夫闉舆罢就班师回国了。在回吴国的路上，闉舆罢趁吴军不注意的时候趁机又逃跑了。

在秦国的帮助下，楚昭王得以复国，并回到了都城郢。然而这次战争已经使楚国的元气大伤，之后没过多久就迁都至鄀。吴国虽然也有损伤，但是相对较小。这次战役也为吴国之后的称霸奠定了军事和外交基础，使得吴国得以从一介小国发展壮大起来。

柏举之战是我国早期历史中规模较大的一次战役，这场战争前后历时超过十个月，吴国出动了三万左右的兵力，楚国则举全国之力，先后派出十二万军士投入了这场战斗。在作战方式上出动了步兵、水师，甚至连动物也被运用到战斗中，这在整个春秋战国时代都是罕见的。在这次战争中，吴军几个分战场同时作战，迫使楚国的国君逃亡，曾经的霸主也沦为流徙之徒。吴国在此次战役中获得了空前的威名，成为东南一带的军事大国。

局势分析

在春秋之际，吴国和楚国在战争的过程中也留下了很多传奇故事，被后世所传诵，有些甚至搬上文学戏剧舞台。

伍子胥和申包胥两人的故事更是流传广远，家喻户晓。这些历史征战中的风云人物，也成为后世人们学习和崇拜的对象。他们在一系列风云变幻中所体现出来的精神，像坚忍不拔、忠君爱国等优秀的品质也逐步成为中华民族优良传统的一部分。

战争虽然是残酷的，但是在残酷中往往又能够透露出人性的光辉：楚王的兄长子期在战乱中为了救自己的哥哥和楚国的江山甚至愿意代替楚昭王赴死；鄀地的人们没有因为害怕吴国的入侵而背叛楚国。这些舍生取义的行为已经超越了人性的范畴，而具有了理想主义的色彩。也正是这些对于正义的坚守，最终构成了我国的民族脊梁，形成了我们今天所说的气节。

第七章晋国六卿之乱

【 说点局外事 】

驱兽作战

我们经常会在一些故事中看到古代人驱赶野兽作战的例子，不少人会认为这是一种十分有趣的战斗方式。实际上，人们曾经对历史上是否真的存在驱兽作战这种战斗方式提出过疑问。那么，驱兽作战这种迎敌方式真的存在吗？

答案是肯定的。据史料记载，在我国古代就有着驱使动物或者野兽上战场的实例。有学者提出，关于驱兽作战的最早的记载要追溯到黄帝和炎帝之间的战争。《列子·黄帝》中提到，在黄帝与炎帝的对战中，狼、豹、熊、鹰等飞禽走兽参与到了对战中。但是由于时代久远，黄帝与炎帝之间对战的真实情况难以确定。因此，人们只能在后来的一些历史文献中查找相关的资料。

据《史记》等书记载，春秋战国时期确实出现过驱兽作战的实例，而且出现了"火牛阵"等词汇。因此，我们可以确定，利用动物或者野兽作战的对战方式是确实存在的，这也是我国人民在千百年来的斗争中总结出来的一种战争手段。

吴越相争

越国位于吴国的南部，一直以来默默无闻，史书上关于自越国建国到越王勾践之前的记载并不详细。当吴国与楚国之间争执不断的时候，越国逐渐发展壮大起来。由于吴、楚无暇东顾，所以越国顺利地成长为一个实力不亚于吴国的强国。

公元前510年，越王允常成为越国的君主。允常是勾践的父亲，他积极筹备军队，提高国家实力，一心想要在诸侯国之间崭露头角。越国的崛起引起了吴国的注意，于是吴王决定在讨伐楚国之前先攻打越国，灭一灭越国的威风。这一战，越国被吴国杀得大败，还被抢走了不少财物。

公元前 496 年，允常去世，他的儿子勾践继承了王位。吴王阖闾一看越国新王登基有机可趁，便率领军队讨伐越国。这一次会战中，越王勾践率领越军众志成城，拼死守护家园。勾践先派出了一支敢死队冲锋陷阵打乱吴军的阵脚，当吴军方寸大乱的时候再率领大军杀向吴军，吴军顿时乱作一团，大败而归。在撤军的途中，吴王阖闾受伤，并且在行军的途中去世。这样一来，吴国扩张的计划不得不暂时中止。

吴王阖闾死前立下遗嘱：希望即将即位的儿子夫差为他报仇雪恨。公元前 496 年，吴王夫差即位，他不忘父亲的教诲，在即位之初便开始着手充实国力，以图尽快消灭越国。

为了不忘父亲死于越王之手的这份仇恨，吴王夫差派专人每天提醒他不要忘记杀父之仇。一听到这话，夫差就感到十分悲愤，并且下定决心报仇雪恨。当越王勾践听说这件事之后，就打算趁着吴国没有防备先发动攻击。越国的大臣范蠡奉劝勾践从长计议，但是勾践执意如此。

吴王夫差得知了越王勾践出兵的消息，就率领吴军与之对抗，两军对战于夫椒。吴王夫差派出了吴国全部的精兵，越国最终不敌吴军，退到了会稽山。为了免遭亡国，越王勾践主动提出请和，勾践夫妇二人自愿到吴国做人质服侍夫差。吴国的臣子建议吴王趁势彻底消灭越国以除后患，但是夫差没有听从臣子的忠告，允许勾践到吴国生活。

成为阶下囚之后，越王勾践卧薪尝胆，在暗中计划光复越国。平日里，他的生活与一般老百姓没有两样：衣着简朴，食物简单。总之，为了能达到富国兴邦的目的，越王勾践甘愿吃苦受累，暗中却积攒力量等待时机。相反，吴王夫差在打败越国之后就狂妄自大起来，他自恃吴国实力强大，根本不把诸侯国放在眼里。然而，对一个国家来说，国君对奸臣佞臣的宠信就是衰败的开始。吴王在为父亲报仇之后就重用奸臣，轻视伍子胥等人的意见。为了实现逐鹿中原的野心，吴王夫差还劳师动众地开凿了一条十分宏伟的大运河。

公元前 484 年，吴王夫差联合鲁国一同出兵征讨齐国，致使齐国损失惨重，吴国的威望大增。看到不少国家都臣服吴国，吴王夫差心中十分高兴，认为坐上霸主位子的时机已经来临，于是他便邀请晋国与之结盟，并且将越国的事情完全抛在了脑后。吴王夫差领兵北上中原时，只将少部分的人留在了王城之内。越王勾践听说吴王大军出征的消息之后，认为这是一个很好的机会，于是他就带着越国的精兵攻入了吴国的都城姑苏，活捉了吴国的太子，火烧了吴国都城。

吴王夫差在得到越军达到姑苏城的消息之后大惊失色，赶忙找来大臣们商量对策。经过商议，吴王夫差决定听从大臣们的意见先尽力在会盟中夺得霸主的位子，之后再赶回国处理与越国的关系。其实，夫差之所以这样选择有两个原因：第一，如果急匆匆地赶回去，途中一定会受到诸侯国的干扰。一旦吴军撤兵，那么黄池会盟之前的努力就白费了，晋国一定会被推选为霸主。第二，这时候的吴军身处北方，到达南方的时候军队必定十分疲乏，战斗力下降，战胜越军的可能性随之大大降低。基于以上两点，吴王必须先在黄池会盟中占得先机。

既然决定压制晋国和诸侯国的气焰，那么事不宜迟，吴军立即开始行动起来。一天，参加会盟的诸侯在天刚亮的时候被吴军擂鼓升帐的举动惊醒，在看到吴军汹涌的气势之后被吓得不轻，之后纷纷表示愿意推举吴国为新的霸主。就这样，吴王夫差坐上了梦寐以求的霸主宝座。只可惜，这个位子他坐得并不安稳。成为霸主之后，吴王丝毫不敢耽误，急忙领兵返回了吴国。吴军回到姑苏城的时候，看到了被火烧之后只剩下断壁残垣的国都。之后，吴王夫差决定与越王讲和。

吴王夫差终于招架不住而选择出城请降。投降之后，吴王夫差请求越王勾践手下留情，让吴国对越国称臣。在范蠡的反对下，最后越王勾践没有答应夫差的请求。之后，吴王夫差被迫自尽。吴国被消灭之后，越王勾践打算继吴国之后成为中原霸主。徐州会盟之后，当时的周天子将越王勾践封为侯伯。

局势分析

吴国与越国之间的政治军事斗争在春秋史上留下了浓墨重彩的一笔。越国的实力是在吴国与楚国争霸的间隙中发展起来的，并且发展到了足以与吴国对抗的程度。吴王自然将越国视为心腹之患，欲除之而后快。当越国的气势被打压下去之后，吴王夫差就放松了对越王警惕，这是吴国最后被越国这个曾经的手下败将消灭的重要原因。

越王勾践在战败之后，向吴王夫差献上了美女西施，让夫差逐渐沉迷于声色犬马之中忘记了为君之道。吴王从没有想过越国会有复兴的一天，好大喜功的他开始宠信佞臣，杀害忠良，也不再不关注百姓生活的疾苦。常年的征战让吴国的国力逐渐衰弱，人心涣散。然而，越王勾践的性格十分坚韧，在战败之后宁愿忍受屈辱也要为复国做准备，最终一雪前耻。吴、越两国相争，最终获胜的是越国。

说点局外事

卧薪尝胆

越王勾践被吴王打败之后，忍辱负重地在吴国生活了一段时间。这段时间，他表现得十分谦卑谨慎，让吴王错误地认为他已经毫无复国之心，之后将他放回了越国。终于回到祖国的勾践为了再次兴邦报复吴王，就在暗中开始操练军队提高国力。

为了时时刻刻提醒自己勿忘耻辱，越王勾践回国之后每晚都睡在柴草上，并且在屋子里面挂了一只苦胆。每一天，越王勾践都要尝一尝这个苦胆，以告诫自己要励精图治，一雪前耻。为了这个目的，勾践省去生活中一切不必要的费用，并且与人民一同劳动，同甘共苦。越人在勾践的激励下上下一心，奋发图强，终于再次变成了一个强国。